सूरज चांद सितारे

[विज्ञान]

सूरज चांद सितारे

गुणाकर मुळे

संपादन

शांति गुणाकर मुळे

ज्ञान विज्ञान प्रकाशन

नई दिल्ली–110 002

मूल्य : ₹ 300

पहला संस्करण : 2015

प्रकाशक
ज्ञान विज्ञान प्रकाशन
1-बी, नेताजी सुभाष मार्ग, दरियागंज
नई दिल्ली-110 002

मुद्रक
बी.के. ऑफसेट
नवीन शाहदरा, दिल्ली-110 032

SURAJ CHAND SITARE
by Gunakar Muley
Edited by Shanti Gunakar Muley

ISBN : 978-93-81863-36-7

अपनी बात

सूरज चांद सितारे नामक पुस्तक श्री गुणाकर मुळे की पहली पुस्तक है जो उन्होंने एम.ए. करते समय 1962 में लिखी थी और इसे राजकमल ने प्रकाशित किया था। पुस्तक कई सालों से प्रकाशित नहीं हुई थी।

मैंने श्री अशोक जी को पुस्तक दिखाई और राय ली। अशोक जी इसे प्रकाशित करने को तैयार हो गए।

यह पुस्तक सूरज चांद सितारे बेसिक ज्ञान के लिए उपयोगी और सुंदर है। इसलिए पाठक इसका भरपूर उपयोग करेंगे।

—शांति गुणाकर मुळे

सी–210, पांडव नगर,
दिल्ली–92
फोन–22485168

अनुक्रम

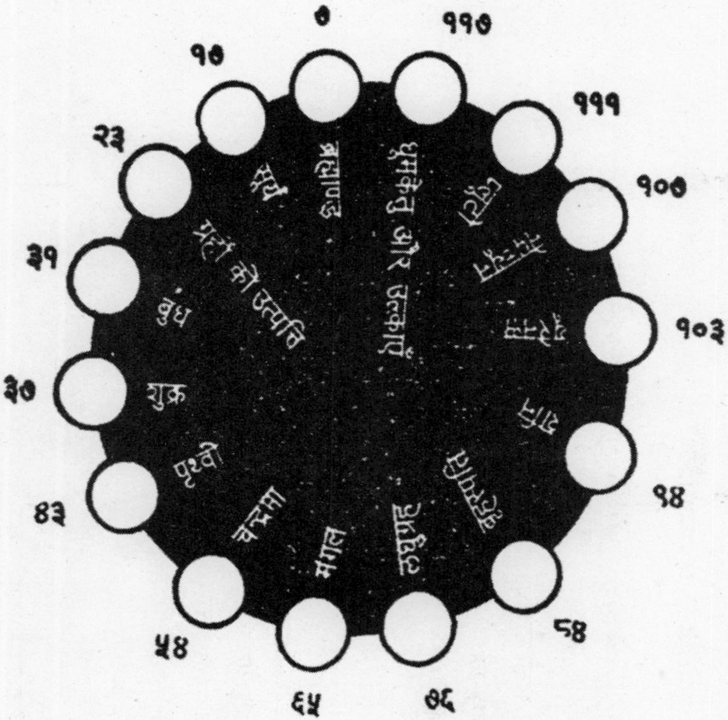

ब्रह्माण्ड
७
सूर्य
१७
ग्रहों की उत्पत्ति
२३
बुध
३१
शुक्र
३७
पृथ्वी
४३
चन्द्रमा
५४
मंगल
६५
लघुग्रह
७८
बृहस्पति
८४
शनि
९४
यूरेनस
१०३
नेप्च्यून
१०७
प्लूटो
१११
धूमकेतु और उल्काएँ
११७

ब्रह्मांड

आकाश में चमकने वाले असंख्य ज्योति-पिंड—सूर्य, चंद्र, ग्रह तथा दूसरे तारागण अनादि काल से मानव का ध्यान आकर्षित करते रहे हैं। वैज्ञानिक युग से पूर्व आदि-मानव ने कल्पना की आंखों से ही एक विचित्र भय और श्रद्धा के साथ इन नक्षत्रों को देखा था, क्योंकि मनुष्य की आंख एक सीमा, बहुत छोटी सीमा, तक ही देखने में समर्थ है और नक्षत्र-लोक सीमाहीन है। सीमाहीन नक्षत्र-लोक की तुलना में हमारा भूलोक विशाल महासागर में एक बूंद के समान है।

अनेकानेक प्रश्न उठते हैं—यह सृष्टि कैसे बनी ? ये नक्षत्र कहां से आए ? कहां से सूर्य आया और कहां से यह पृथ्वी ? और कब और क्यों आए ये ? बहुत से लोग कहेंगे—ईश्वर के मन में कुछ रचना करने की बात आई और एक दिन उसने यह सब-कुछ रच डाला। बहुत से लोग ऐसे भी मिलेंगे जो कहेंगे कि अनंत काल से हम इसी तरह रहते आए हैं, अनंत काल तक इसी तरह रहेंगे।

लेकिन बात इतनी सरल नहीं है। आज यह एक निश्चित और सिद्ध मान्यता है कि एक समय इस पृथ्वी पर मानव था ही नहीं। मानव तो क्या, ये सूर्य, चंद्र, ग्रह और तारे कुछ भी नहीं थे। इन सबका आविर्भाव होने के पहले केवल भूत-द्रव्य अपनी आदि स्थिति में विद्यमान था। वह स्थिति वर्णनातीत, परिव्याप्त ज्वलंत वाष्पपिंड की-सी थी—निराकार, मानो वह कोई तेजोमय पुंज था। यह आदि-भूत निश्चल नहीं था, इसमें गति थी। धीरे-धीरे इससे सृष्टियां आविर्भूत हो रही थीं।

ब्रह्मांड की उत्पत्ति—जैसे-जैसे मनुष्य का ज्ञान बढ़ा, ब्रह्मांड-उत्पत्ति विषयक उसकी धारणाएं भी विकसित होती गईं। वैदिक काल में सृष्टि के बारे में दूसरे ही विचार थे। तैत्तिरीय-ब्रह्मांड में सृष्टि-उत्पत्ति के संबंध में बड़ा चमत्कारिक वर्णन मिलता है—''पूर्व-सृष्टि का प्रलय होकर उत्तर-सृष्टि उत्पन्न होने के पहले सत् नहीं था, असत् भी नहीं था, आकाश नहीं था, मृत्यु नहीं थी, अमृत नहीं था, रात और दिन को प्रकाशित करने वाले कोई सूर्य-चंद्र नहीं थे। केवल ब्रह्म था। उसके मन में सृष्टि उत्पन्न करने की इच्छा हुई। तदंतर समस्त जगत् की उत्पत्ति हुई।''

इसके बाद कहा है–"यह विविध सृष्टि किससे उत्पन्न हुई, किसलिए हुई, वस्तुतः इसे कौन जानता है? देवता भी पीछे से हुए, फिर यह सृष्टि किससे उत्पन्न हुई? इन सबका अधिनायक परमाकाश में है, वही इसे जानता है। अथवा वह भी जानता है या नहीं, इसे कौन जाने!" ऋग्वेद के एक ऋषि घोषणा करते हैं–"इह ब्रवीतु य उ उच्चिकेतत्।" यह सब जानने वाला यदि कोई है तो वह यहां आकर बताए।

ऋग्वेद के एक ऋषि के कह देने मात्र से कि 'सृष्टि-उत्पत्ति के कारण को जानना असंभव है', इस चिंतन पर पूर्ण-विराम नहीं लग जाता। आज के वैज्ञानिक सृष्टि-उत्पत्ति संबंधी कई पहेलियों को सुलझाने में समर्थ हैं। खगोलशास्त्रियों ने कई सिद्धांत प्रस्तुत किए हैं। अधिकांश तो डॉ. आइंस्टीन के सापेक्षवाद पर ही आधारित हैं, जिसकी स्थापना सन् 1905 में हुई थी। बेल्जियम के प्रसिद्ध विज्ञानवेत्ता ऐबे लेमेत्रे ने सन् 1927 में एक सिद्धांत प्रस्तुत किया कि ब्रह्मांड की उत्पत्ति एक विशाल मौलिक अणु (प्राइमोर्डियल एटम) से हुई है। इस महाअणु के विस्फोट से इसके अंदर निहित सारे पदार्थ छितर गए और ब्रह्मांड को वह रूप प्राप्त हुआ, जो हम आज देखते हैं। यदि विश्व की उत्पत्ति केवल इसी एक विशाल अणु से हुई है तो इसका आरंभिक घनत्व भी बहुत ऊंचा रहा होगा–कम-से-कम एक अरब टन प्रति वर्ग सेंटीमीटर! इस आरंभिक स्थिति में दिक् और काल का भी कोई अस्तित्व नहीं था।

कोलोरेडो विश्वविद्यालय में भौतिक विज्ञान के प्राध्यापक डॉ. जॉर्ज गैमो ने अपनी पुस्तक 'ब्रह्मांड की उत्पत्ति' में बताया है कि किस प्रकार विस्तृत होने के पूर्व ब्रह्मांड के सघन और प्रज्वलित केंद्र में सारी पदार्थ-राशि स्थिर रही होगी। उनका मत है कि आरंभ में ब्रह्मांड का केंद्र-स्थल, जो कल्पनातीत तापमान में उबलता था, समान जातीय एवं मौलिक वाष्प का भंडार था। अब तो वह तापमान तारों के अंतरंग में भी नहीं रह गया है। उस तापमान में अणु जैसे तत्त्व नहीं, बल्कि न्यूट्रॉन थे और बड़ी ही अस्त-व्यस्त स्थिति में। जब ब्रह्मांडीय-राशि फैलने लगी, तो तापमान गिरने लगा और जब इसमें 10 अरब डिग्री की कमी हो गई, तो न्यूट्रॉन जमकर ठोस रूप धारण करने लगे। फिर विद्युत्-अणु प्रकट हुए और कालांतर में अणु। इस प्रकार ब्रह्मांड के सभी तत्त्व, ब्रह्मांडीय प्रभात के गंभीर क्षणों में प्रकट हुए और बाद के 20 अरब वर्षों में उनके कार्य आदि निश्चित हुए। परमाणुओं की उत्पत्ति के लिए एक घंटे से भी कम समय लगा, तारों और ग्रहों के निर्माण में कुछ करोड़ वर्ष लगे, परंतु मानव-निर्माण के लिए तीस अरब वर्षों का महाकाल लगा।

विपरीत कुछ ऐसे भी सिद्धांत हैं जिनमें कल्पना की गई है कि ब्रह्मांड में कहीं पर पदार्थ-राशि का निर्माण हो रहा है। टोलमैन का कथन है कि ब्रह्मांडीय विस्तार

संभवत: एक अस्थायी अवस्था है और हो सकता है कि कुछ काल बाद फिर सिकुड़न की प्रक्रिया आरंभ हो जाए। ब्रह्मांड के पदार्थ का परिवर्तन केवल एक दिशा में होता प्रतीत होता है–प्रलय की दिशा में। प्रकृति के दृश्य अथवा अदृश्य, सभी तत्त्व, चाहे वे परमाणु में हों या बाह्य आकाश में, यह व्यक्त करते हैं कि ब्रह्मांड का सार-तत्त्व और शक्ति अथाह शून्य में छितराई जा रही है। सूर्य का तापमान निश्चित रूप से धीरे-धीरे घटता जा रहा है, तारे बुझने वाले अंगारे-से बनते जा रहे हैं, पदार्थ प्रकाश-किरण बनता जा रहा है और शक्ति शून्य दिक् में खोती जा रही है। इस प्रकार हम देखते हैं कि ब्रह्मांड अंतत: 'ताप-मृत्यु' की ओर बढ़ रहा है और एक दिन ब्रह्मांड की सभी कार्य-प्रणालियां रुक जाएंगी। न प्रकाश का अस्तित्व होगा, न जीवन का और न उष्णता का–केवल नित्य और अखंड स्थिरता रह जाएगी।

कुछ ऐसे भी ब्रह्मांड-विज्ञानवेत्ता हैं जो यह कहते हैं कि ब्रह्मांड अपना पुनर्निर्माण कर रहा है। प्रयोगशाला में किए गए परीक्षणों से वस्तुत: यह सिद्ध होता है कि उच्च शक्ति के विकिरण वाले 'प्रोटॉन' कुछ परिस्थितियों में पदार्थ के साथ मिलकर परस्पर-प्रक्रिया द्वारा विद्युत् अणुओं और योग-कणों (पोसीट्रंस) को जन्म दे सकते हैं। हार्वर्ड के डॉ. ह्विप्ले का मत है कि ब्रह्मांड के अंत:नक्षत्रीय दिक् में विचरण कर रहे ब्रह्मांडीय रजकण (डस्ट पार्टिकल्स) 15 अरब वर्षों में तारों का रूप धारण कर लेंगे।

खगोलीय इकाई–पृथ्वी पर हमारा काम इंच, गज़, मील आदि पैमानों से चल जाता है। पर खगोलीय पिंडों की दूरी मापने के लिए ये इकाइयां बहुत ही छोटी पड़ती हैं। चंद्रमा पृथ्वी से 2,40,000 मील दूर है। यह दूरी पृथ्वी की लगभग नौ परिक्रमाओं के बराबर है। सूर्य की दूरी इससे 380 गुना है।

पृथ्वी से सूर्य की औसत दूरी लगभग 9,30,00,000 मील है। आकाश-पिंडों की दूरी मापने के लिए यह दूरी छोटी-से-छोटी इकाई मानी गई है। ज्योतिष-शास्त्र की भाषा में इसे खगोलीय इकाई (एस्ट्रोनॉमिकल यूनिट) कहते हैं। परंतु आकाश की खोज करने वाले खगोलशास्त्री का काम इस पैमाने से भी अधिक नहीं चलता, क्योंकि दूसरे तारागणों की तुलना में सूर्य हमारी पृथ्वी से एक या दो कदम के ही अंतर पर है। प्रकाश की गति प्रति सेकंड 1,86,000 मील है। सूर्य से पृथ्वी तक प्रकाश पहुंचने में लगभग आठ मिनट का समय लगता है। अत: खगोलशास्त्रियों ने तारों की दूरी मापने के लिए 'प्रकाश-वर्ष' (लाइट ईयर) नामक एक और भी विशाल पैमाने की कल्पना की है। 'प्रकाश-वर्ष' उस दूरी का नाम है जिसे प्रकाश एक वर्ष में निरंतर चलकर तय करता है। यह लगभग 58,80,00,00,00,000 मील है। प्रकाश-वर्ष का नाप खगोलीय इकाई से 63,000 गुना है।

अंतर्राष्ट्रीय खगोल-संघ ने सन् 1922 में प्रकाश-वर्ष से भी बड़े एक और पैमाने की कल्पना की। इस पैमाने का नाम 'पार-सैक' रखा गया। पार-सैक प्रकाश-वर्ष के 3.3 गुना अथवा अनुमानतः 1,90,00,00,00,00,000 मील के बराबर होता है।

दूरबीन का आविष्कार–हमारे प्राचीन पुरुषों का ज्योतिष-ज्ञान चर्मचक्षु द्वारा किए गए परीक्षणों पर ही आधारित था। उनके पास दूरबीन जैसे समुचित साधन नहीं थे। इसलिए मानवीय सीमाओं से बंधे खगोलशास्त्रियों ने अनुभव किया कि विराट् आकाश की गहराइयों में बिखरे तारक-पुंजों को खोजने के लिए आंखें भी विराट् चाहिए। इस दिशा में सबसे पहला प्रयत्न इटली के प्रसिद्ध खगोलविद् गैलीलियो ने 1609 में किया। गैलीलियो ने ही सर्वप्रथम अपने दूरवीक्षण यंत्र (टेलिस्कोप) द्वारा चंद्रमा के पर्वतों और घाटियों को देखा था। अंधकार के उस युग में दूरबीन के जादू से एक सनसनी फैल गई थी। बाद में वैज्ञानिकों ने गैलीलियो की दूरबीन से भी अधिक शक्तिशाली 'दिव्य-चक्षुओं' का निर्माण किया।

गैलीलियो के पश्चात् तीन शताब्दियों में दूरबीन के निर्माण में आश्चर्यजनक प्रगति हुई। अलग-अलग उपयोगिता के विचार से दो प्रकार के दूरवेक्षण-यंत्रों का निर्माण हुआ—एक रीफ्रेक्टर और दूसरा रीफ्लेक्टर। रीफ्रेक्टिंग यंत्र में एक नली के ऊपरी भाग में एक बड़ा शीशा लगा रहता है, जो आकाश के तारों का प्रतिबिंब ग्रहण करता है। नीचे के सिरे पर उच्च विस्तारक शक्ति वाला एक छोटा शीशा लगा रहता है जिसके द्वारा प्रतिबिंब के विस्तृत रूप का निरीक्षण किया जाता है। गैलीलियो की दूरबीन इसी प्रकार की थी। प्रत्यक्ष निरीक्षण की शक्ति ही रीफ्रेक्टिंग दूरबीन की विशेषता है। निरीक्षण किया जाने वाला तारा जब काफी बड़ा और चमकीला होता है तब उच्च विस्तारक शक्ति से संपन्न रीफ्रेक्टिंग-दूरबीन की सहायता ली जाती है। परंतु जब तारा छोटा और धुंधला होता है तब उसका प्रतिबिंब पकड़ने के लिए रीफ्लेक्टिंग दूरबीन का सहारा लेना पड़ता है। इसमें छाया ग्रहण करने के लिए एक बड़ा कानकेव शीशा लगाया जाता है, जिसके ऊपरी भाग पर चांदी की पॉलिश होती है। इसके द्वारा निरीक्षित सितारे से जो प्रकाश ग्रहण किया जाता है उसका प्रतिबिंब नीचे लगे हुए छोटे शीशे पर अथवा अन्यान्य परीक्षण के लिए स्पेक्ट्रोस्कोप, फोटोमीटर, थर्मो-कपिल आदि किसी दूसरे यंत्र पर ग्रहण किया जाता है। ऊपर लगा हुआ कानकेव शीशा जितना बड़ा होगा उतनी ही मात्रा में वह देखे जाने वाले तारे का प्रकाश ग्रहण करेगा। कानकेव शीशा जितना ही अधिक बड़ा होगा उतना ही गहरा आकाश का निरीक्षण संभव होगा। अमरीका की माउंट-विल्सन वेधशाला में 100 इंच व्यास की इसी तरह की एक दूरबीन है। 1934 में यहां की दूरबीन द्वारा पृथ्वी के आठ करोड़ प्रकाश-वर्ष की दूरी पर स्थित नीहारिका का चित्र लिया गया

था। वह नीहारिका आंखों से दिखाई देने वाले धुंधले-से-धुंधले सितारे से भी 30,000 गुना धुंधली थी।

माउंट-विल्सन प्रयोगशाला के शीशे का जब निर्माण हुआ था तो इसके ढालने वाले कारीगर ने कहा था, ''बस, इससे आगे बढ़ना अब संभव नहीं।'' किंतु माउंट-विल्सन की दूरबीन द्वारा आंखें जितना प्रकाश ग्रहण कर सकती हैं उससे ढाई लाख गुना प्रकाश प्रतिबिंबित किया जा सका और उसके द्वारा 45 करोड़ प्रकाश-वर्षों की दूरी पर स्थित 1,50,00,00,000 तारों का चित्र लिया गया। खगोलविदों ने माउंट-विल्सन दूरबीन से भी अधिक शक्तिशाली दूरबीन बनाने का कार्य आरंभ किया। सैन-डाइगो (कैलिफोर्निया) के निकट एक मील ऊंचे पैलोमर पर्वत-शिखर पर 200 इंच व्यास के कानकेव शीशे वाली और एक भीमकाय दूरबीन लगाई गई। आकाश की जितनी गहराई अब तक खोजी जा चुकी है उससे 30 गुना गहराई तक खोज इस नई दूरबीन द्वारा की जा सकती है।

अनंत आकाश की खोज करने के लिए बीस वर्ष पूर्व वैज्ञानिकों को और एक साधन का पता लगा है। कार्ल जान्स्की, जो कि अमरीका की बेल-टेलिफोन प्रयोगशाला में एक इंजीनियर थे, विद्युत्-चुंबकीय-वर्णपट से, वायुमंडल द्वारा निर्मित रेडियो-तरंगों के व्यवधानों का अध्ययन कर रहे थे। अचानक उनको एक ऐसी रेडियो-तरंग का पता लगा जो आकाश की गहराई से आई थी। इस नई खोज का समर्थन रेडियो इंजीनियर ग्रोटे रेबेर ने भी किया। आकाश-गंगा की ओर से आईं ये तरंगें अधिक तेज़ थीं। रेडियो-टेलिस्कोप बनाने में कई दिक्कतें थीं। परंतु इस दिशा में धीरे-धीरे प्रयत्न बढ़ते गए। सन् 1950 में मानचेस्टर विश्वविद्यालय के जोड्रेल बैंक स्थान पर दो सौ बीस फीट व्यास का एक भीमकाय रेडियो टेलिस्कोप बनाया गया।

नक्षत्र–साधारण विश्वास है कि आकाश के तारे असंख्य हैं। लेकिन बात विपरीत है। धरती के किसी भी भाग पर खड़ा हुआ मनुष्य अपनी आंखों से लगभग दो हजार तारे ही देख पाता है। खगोलविदों ने आकाश के तारों को उनके आलोक के अनुसार विभिन्न श्रेणियों में विभाजित किया है। प्रथम श्रेणी का तारा छठी श्रेणी के तारों से सौ गुना चमकदार होता है। सर्वाधिक शक्ति वाले दूरवीक्षण यंत्र से केवल बीसवीं श्रेणी तक के तारों को ही देखा जा सका है। प्रथम या द्वितीय श्रेणी के तारों की संख्या बहुत ही कम है। प्रथम श्रेणी के केवल 11 तारे मिलेंगे, द्वितीय श्रेणी के 39 और तृतीय श्रेणी के 133। इसी प्रकार यह संख्या बढ़ती जाती है। पंचम श्रेणी के तारों की संख्या 4,732 है। इसके बाद हमें दूरबीन की सहायता लेनी पड़ती है। नवीं श्रेणी की तारों की संख्या 1,39,300 है और बीसवीं श्रेणी के तारों की संख्या करीब 53,09,00,000 है।

हमारा सूर्य, जो कि ब्रह्मांड का एक सामान्य तारा है, प्रथम श्रेणी के तारे की अपेक्षा 10,00,00,00,000 गुना तेजोमय है। पृथ्वी से सूर्य की दूरी के दस लाख गुना (लगभग 16 प्रकाश-वर्ष) अर्धव्यास से यदि सूर्य के चारों ओर हम एक गोल खींचें तो इसके बीच ही हमें बहुत-सी अद्‌भुत बातों की जानकारी मिलेगी। इस गोल में बयालीस तारे आ जाएंगे। सबसे निकट का तारा प्राक्सिमा सेंटोरी है। पृथ्वी से इसकी दूरी $4\frac{1}{3}$ प्रकाश-वर्ष मानी गई है। यह एक युगल-तारा है। व्याध तारा आकाश का सबसे चमकीला तारा है और यह भी सूर्य के काफी निकट है। व्याध का अपना एक उप तारा भी है। ऐसे उप तारों को ज्योतिषविदों ने 'सफेद बौनों' (व्हाइट ड्वार्फ़) का नाम दिया है।

आकार और दीप्ति के अनुसार तारों में भी बहुत अंतर है। मृग-नक्षत्र का आर्द्रा नामक तारा सूर्य से 400 गुना बड़ा और 3600 गुना चमकीला है। पृथ्वी से उसकी दूरी 300 प्रकाश-वर्ष है। कुछ तारे हमारी पृथ्वी से भी छोटे हैं। 'वान-मानेन' तारे का व्यास पृथ्वी के व्यास का केवल 75 प्रतिशत है। यह सूर्य से 10,000 गुना मंद है और हमसे 13 प्रकाश-वर्ष दूर है।

तारों से पृथ्वी तक पहुंचने वाला प्रकाश अनेकानेक रहस्यों को अपने साथ ले आता है। सबसे महत्त्वपूर्ण बात यह है कि प्राय: समस्त तारों का निर्माण लगभग एक ही प्रकार की पदार्थ-राशि से हुआ है। जिन तत्त्वों से पृथ्वी, सूर्य और ग्रहों का निर्माण हुआ है, उन्हीं से ये समस्त तारे भी निर्मित हुए हैं। तारों का जो प्रकाश पृथ्वी तक पहुंचता है, उससे वैज्ञानिकों ने वहां की स्थिति एवं उनके तापमान आदि के बारे में जानकारी प्राप्त की है। तारों के संबंध में इधर गणित पर आधारित एक नवीन सिद्धांत का आविष्कार हुआ है। इसके अनुसार तारों का केंद्र भाग अत्यधिक सघन होता है। तारों का तापमान 10,00,00,00,00,000 डिग्री सेंटीग्रेड के करीब होता है। केंद्र के ऊपर सघनता और तापमान बराबर कम होते जाते हैं। तारों की ऊपरी सतह का तापमान उनके रंगों द्वारा निर्धारित किया जाता है। हमारा सूर्य पीत वर्ण का है, अत: इसका तापमान 5,000 से 6,000 डिग्री सेंटीग्रेड के बीच का होना चाहिए। व्याध नाम का तारा श्वेत वर्ण का है और श्वेत वर्ण के तारों का तापमान 8,000 से लेकर 11,000 डिग्री सेंटीग्रेड तक होने की संभावना है।

आकाश-गंगा–आकाश-गंगा असंख्य तारों की एक प्रकाश-मेखला की भांति धरती को चारों ओर से घेरे हुए है। लगभग सौ वर्ष पूर्व इंग्लैंड के खगोलविद् सर विलियम हेर्सेल ने तारों की संख्या और विस्तार का विशेष रूप से अध्ययन किया था। आकाश-गंगा ब्रह्मांड में निहित असंख्य नीहारिकाओं में से केवल एक है। यह केवल इसलिए ऐसी दिखाई देती है कि हमारा सूर्य इसी आकाश-गंगा का एक सामान्य तारा है।

आकाश-गंगा में लगभग 40,00,00,00,000 तारे हैं। इसके आकार-प्रकार के लिए हम दोनों ओर से उठी हुई तश्तरी की कल्पना कर सकते हैं। इसका व्यास लगभग 1,00,000 प्रकाश-वर्ष है और बीच की मोटाई 5,000 से 10,000 प्रकाश-वर्ष तक। इतनी विशालता की कल्पना करने में मानव-मस्तिष्क शायद अपना संतुलन खो बैठे और मनुष्य के अहं को शायद इस बात से धक्का पहुंचे कि सूर्य इस आकाश-गंगा के केंद्र में नहीं है, बल्कि किनारे पर फेंका हुआ एक सामान्य तारा है।

आकाश-गंगा के ये तारे स्थिर नहीं हैं। सौर-मंडल के ग्रहों की तरह ये भी आकाश-गंगा के केंद्र-बिंदु की परिक्रमा करते हैं। आकाश-गंगा का यह केंद्र-बिंदु सेगिटेरियस नक्षत्र की ओर है। इस नक्षत्र की ओर यदि आप देखें तो ज्ञात हो जाएगा कि आकाश-गंगा यहां कुछ विस्तृत हो गई है। यही स्थान आकाश-गंगा का केंद्र है। आकाश-गंगा का केंद्र कैसा है? इस प्रश्न का उत्तर कठिन है, कारण कि आकाश-गंगा के केंद्र और हमारे बीच एक 'काला बादल' पड़ता है। आकाश-गंगा को सेगिटेरियस नक्षत्र की ओर देखने से ऐसा ज्ञात होगा जैसे कोई नदी दो धाराओं में विभाजित हो गई है और बीच में एक द्वीप निकल आया हो। यह द्वीप ही धूल और गैस का वह 'काला बादल' है जिसने आकाश-गंगा के केंद्र को ढक लिया है। इस काली जगह पर जो थोड़े-बहुत तारे दिखाई देते हैं वे वास्तव में पृथ्वी और काले बादल के बीच पड़ते हैं।

हमारी आकाश-गंगा की ही तरह और भी करोड़ों तारक-मंडल ब्रह्मांड में बिखरे पड़े हैं। उनके केंद्र-बिंदु का अध्ययन करके हम अपने केंद्र का कुछ अनुमान लगा सकते हैं। सौर-मंडल की तरह नीहारिकाओं के केंद्र में भी सामान्य तारे ही होते हैं, अंतर केवल इतना ही है कि केंद्र की ओर इनकी संख्या बढ़ती जाती है।

डच खगोलशास्त्री ओर्ट ने तारों की गति का विशेष अध्ययन किया है। इस अध्ययन से ज्ञात हुआ है कि सूर्य सेगिटेरियस नक्षत्र की 20,00,00,000 प्रकाश-वर्षों में एक परिक्रमा पूर्ण करता है और इस परिधि का अर्धव्यास, अर्थात् केंद्र से सूर्य की दूरी 30,000 प्रकाश-वर्ष है।

नीहारिकाएं-द्वीप विश्व–आकाश-गंगा ही विश्व की एकमात्र नीहारिका नहीं है। इस तरह की असंख्य नीहारिकाएं ब्रह्मांड में फैली हुई हैं। सबसे निकट की नीहारिका आंड्रोमेडा-नेबूला है। इसे हम नंगी आंखों से भी देख सकते हैं। बहुत-सी नीहारिकाएं सर्पिल होती हैं। हमारी आकाश-गंगा भी एक सर्पिल नीहारिका है।

बहुत वर्षों तक खगोलविद् इस बात को नहीं समझ सके कि ब्रह्मांड की सर्पिल नीहारिकाएं हमारी ही नीहारिका (आकाश-गंगा) की तरह के विशाल तारक-मंडल हैं। वे इनको मृग-नक्षत्र में दिखाई देने वाले घनीभूत-नेबूले की ही

तरह मानते थे। नेबुला में स्वतंत्र तारे नहीं होते बल्कि यह एक गैस-बादल होता है। लेकिन सर्पिल नीहारिकाओं में स्वतंत्र तारे होते हैं और बड़ी दूरबीन से इनके बिंदु देखे जा सकते हैं।

ब्रह्मांड का विस्तार– आइंस्टीन से पहले ऐसा समझा जाता था कि दिक्-रूपी अगाध सागर में ब्रह्मांड तैरते हुए एक द्वीप के समान है। अधिकांश वैज्ञानिक इस मत के थे कि ब्रह्मांड अनंत है। परंतु आइंस्टीन इस निष्कर्ष पर पहुंचे कि ब्रह्मांड न तो अनंत है और न वह यूक्लिड की धारणा के अनुसार है, बल्कि यह कुछ ऐसे ढंग का है जिसकी कभी कल्पना भी नहीं की गई थी। स्वर्गीय ब्रिटिश भौतिक विज्ञानवेत्ता सर जेम्स जींस के सीधे-सादे शब्दों में इसे यों कहा जा सकता है :

"सापेक्षता के सिद्धांत द्वारा हमारे समक्ष प्रस्तुत नए ब्रह्मांड की सबसे उपयुक्त उपमा साधारण और सुपरिचित वस्तुओं में से साबुन के ऐसे बुलबुले से दी जा सकती है जिसकी सतह पर सिलवटें हैं। ब्रह्मांड साबुन के बुलबुले का अंतःभाग नहीं, वरन् उसका सतह वाला भाग है और हमें यह सर्वदा स्मरण रखना चाहिए कि जब कि साबुन के बुलबुले में केवल तीन विस्तार होते हैं, ब्रह्मांडीय विस्तार के चार विस्तार हैं–तीन तो दिक् के और एक काल का। और, वह मूल तत्त्व, जिससे इस बुलबुले का जन्म होता है, शून्य दिक् है, जो कि शून्य काल से संयुक्त है।"

आधुनिक अंतरिक्ष-विज्ञान के तथ्यों से और आइंस्टीन के क्षेत्रीय समीकरणों का प्रयोग करके ब्रह्मांड के आकार का हिसाब लगाया जा सका है। माउंट-विल्सन वेधशाला के एडविन हाविल महाशय ने अंतरिक्ष के अंतर्निहित पदार्थों का हिसाब लगाया है। वे इस निष्कर्ष पर पहुंचे हैं कि संपूर्ण ब्रह्मांड में औसत प्रत्येक घन सेंटीमीटर दिक् में 0.0,00,00,00,00,00,00,00,00,00,00,00,00,00,001 ग्राम पदार्थ है और ब्रह्मांड का अर्धव्यास 350 अरब प्रकाश-वर्ष अथवा 210,00,00,00,00,00,00,00,00,00,000 मील है। आइंस्टीन का ब्रह्मांड यद्यपि अपरिमित नहीं है, तथापि इतना विशाल है कि उसमें अरबों ज्योतिर्मालाएं–प्रत्येक ज्योतिर्माला में करोड़ों ज्वलंत तारे, अपरिमेय गैस और ब्रह्मांडीय रजकण–समाई हुई हैं।

मनुष्य की सबसे बड़ी कठिनाई यह है कि वह स्वयं उस संसार का एक अंग है, जिसका रहस्योद्घाटन वह करना चाहता है। भौतिक विज्ञान-वेत्ता नील्स बोर के शब्दों में, 'अस्तित्व के विशाल नाटक में हम अभिनेता और दर्शक, दोनों ही हैं।' इस प्रकार मनुष्य स्वयं ही एक बड़ा रहस्य है। उसका शरीर और गर्वीला मस्तिष्क उन्हीं तत्त्वों से निर्मित है जिनसे समस्त ब्रह्मांड बना हुआ है।

सूर्य

प्रतिदिन हम सूर्य को उदय होते देखते हैं और अस्त होते भी। सूर्य सौरमंडल का अधिपति है। इसके चारों ओर जो नौ ग्रह परिक्रमा करते हैं, हमारी पृथ्वी भी उनमें से एक है। इतना तो सभी जानते हैं कि पृथ्वी पर हमारा जीवन सूर्य के कारण ही संभव है। यही कारण है कि संसार की लगभग सभी आदि-सभ्यताएं सूर्य को देवता मानकर उसकी पूजा-अर्चना करती आई हैं।

पिछले प्रकरण में हम कह आए हैं कि सूर्य आकाश-गंगा के असंख्य तारों में से एक है और पृथ्वी से सूर्य की दूरी 9,30,00,000 मील है। सूर्य का अर्धव्यास 4,30,000 मील है और हमारी पृथ्वी का 4,000 मील। इससे हिसाब लगता है कि सूर्य पृथ्वी से 13 लाख गुना बड़ा है। सूर्य का भार 2×10^{30} किलोग्राम है।

सूर्य की ऊपरी सतह का तापमान लगभग 6000 डिग्री सेंटीग्रेड है। जैसे-जैसे भीतर जाएंगे तापमान बढ़ता जाएगा। वैज्ञानिकों का अनुमान है कि सूर्य के केंद्र का तापमान 1,50,00,000 से 2,00,00,000 डिग्री सेंटीग्रेड होना चाहिए।

सूर्य-शक्ति–सूर्य किस वस्तु के कारण इतना चमकता है इस प्रश्न ने वैज्ञानिकों को कई शताब्दियों से परेशान कर रखा था। लेकिन अब हमें इस प्रश्न का उत्तर मिल गया है। परमाणुओं के नाभिक से ही वह विशाल ऊर्जा प्राप्त होती है, जिसे सूर्य तथा अन्य अनगिनत तारे अरबों-खरबों वर्षों से आकाश में बिखेर रहे हैं।

सूर्य लगभग 10 लाख अरब अश्व-बल के हिसाब से प्रकाश और ताप उत्पन्न कर रहा है। हमारी पृथ्वी इस प्रकाश और ताप का केवल 50 करोड़वां अंश ही प्राप्त कर पाती है। सूर्य से पृथ्वी के एक वर्ग मील पर 50,00,000 अश्व-बल शक्ति प्रकाश व ताप के रूप में प्राप्त होती है। यदि पूर्ण ऊर्जा का उपभोग किया जा सके तो सूर्य से हम तीन मिनट में जितनी ऊर्जा प्राप्त कर लेते हैं, वह सारे संसार के कारखानों को पूरे एक साल तक चलाते रहने के लिए काफी है।

पहले लोगों की यह गलत धारणा थी कि सूर्य में ऊर्जा किसी वस्तु के जलने के कारण उत्पन्न हाती है। सूर्य जैसी उष्णता पैदा करने के लिए सूर्य के वज़न के पांच लाख गुना कोयले एक साथ जलाने पड़ेंगे। लेकिन यदि सूर्य कोयले से ही बना होता तो कुछ हज़ार वर्ष में ही जलकर राख हो जाता। वैज्ञानिकों का अनुमान है कि सूर्य की आयु चार अरब वर्ष से कम नहीं है। सूर्य की पदार्थ-राशि 2×10^{33} ग्राम है और यह ताप व प्रकाश के रूप में प्रति सेकंड 4×10^{33} वर्ग-शक्ति व्यय करता है।

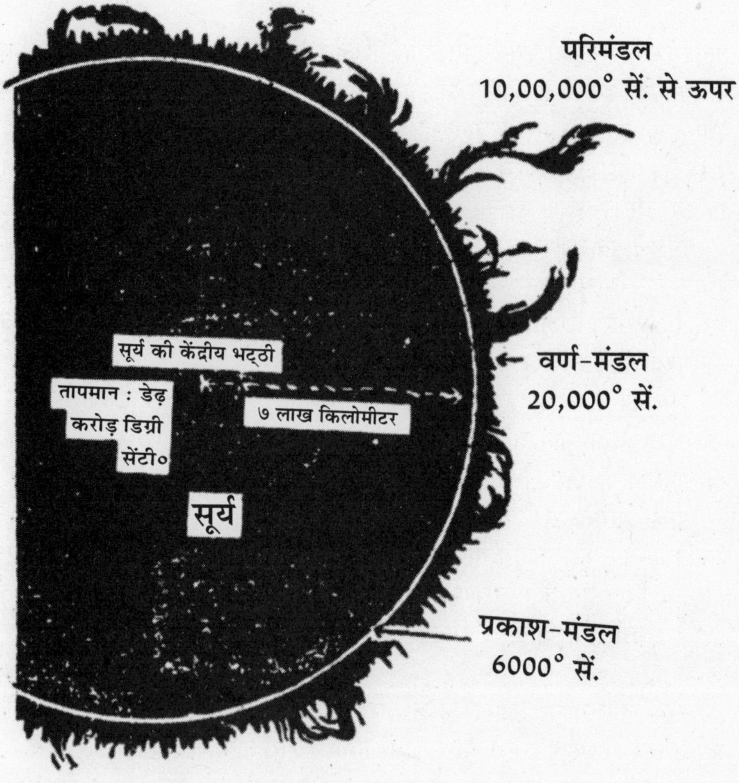

सूर्य की गहराई में दशा इतनी अद्भुत है कि उसकी कल्पना कर पाना भी हमारे लिए संभव नहीं है। सूर्य की वाष्प-रूप गैस गुरुत्वाकर्षण-शक्ति के कारण उसके केंद्र-बिंदु की ओर खिंचती है। इससे सूर्य के केंद्र-बिंदु पर दबाव बढ़ जाता है। ऐसी स्थिति पृथ्वी पर भी है। दबाव बढ़ जाने से वायु आकुंचित

हो जाती है और घनफल कम होता जाता है। सूर्य के मध्य में दबाव इतना बढ़ जाता है कि वह पृथ्वी पर हवा के दबाव का 10 अरब गुना हो जाता है। इस दशा में परमाणुओं के विद्युत् कण अपने नाभिकों से अलग हो जाते हैं। ऐसी परिस्थिति में बाहरी विद्युत् कणों का बचाव मुश्किल है और तीव्रगामी नाभिक अर्थात् प्रोटॉन जब एक-दूसरे से टकराते होंगे तो वे एक-दूसरे पर प्रतिक्रिया करते होंगे। अब हमें अणु-रचना के बारे में थोड़ी-सी जानकारी प्राप्त कर लेना ज़रूरी है।

समस्त पदार्थों की रचना कुछ खास मूल तत्त्वों से हुई है। इनकी संख्या 92 है। इनमें सबसे हलका तत्त्व हाइड्रोजन गैस है। इन मूल तत्त्वों का घटक अणु है। हाइड्रोजन को तौल की इकाई मानने की पद्धति के अनुसार हीलियम का वज़न 4, सोने का वजन 197 और यूरेनियम का वज़न 238 आता है।

इस शताब्दी के आरंभ में आंग्ल-शास्त्रज्ञ जे.जे. थॉमसन ने सिद्ध किया कि अणु का भी विभाजन हो सकता है और इस विभाजन में इलेक्ट्रॉन एक इकाई है। इलेक्ट्रॉन अतिशय हलका और ऋण-विद्युत् से भरा हुआ है। अणु के संपूर्ण तौल में इसका हिस्सा नगण्य है। इसके बाद रदरफोर्ड, नील्स वोर आदि के अणु-संबंधी शोध प्रसिद्ध हैं। जिस प्रकार सूर्य के चारों ओर ग्रह परिक्रमा करते हैं, उसी प्रकार इलेक्ट्रॉन एक निश्चित परिधि में अणु के केंद्र की परिक्रमा करते हैं। अणु का जो क्रमांक है, उतनी ही संख्या में उसमें इलेक्ट्रॉन रहते हैं। अणु के केंद्र में दो घटक हैं—प्रोटॉन व न्यूट्रॉन। एक प्रोटॉन का तौल इलेक्ट्रॉन से 18,400 गुना अधिक है। यही कारण है कि अणु के तौल में इलेक्ट्रॉन का हिस्सा नगण्य है। परंतु इलेक्ट्रॉन पर जितना ऋण-विद्युत् भार है उतना ही धन-विद्युत् भार प्रोटॉन पर है। हाइड्रोजन अणु में एक ही प्रोटॉन और एक ही इलेक्ट्रॉन होता है। न्यूट्रॉन का तौल प्रोटॉन के बराबर ही होता है, परंतु इस पर कोई विद्युत् भार नहीं होता।

सूर्य के अंतरंग की अत्यधिक उष्णता और दबाव के कारण अणु की यह स्थिति कायम नहीं रहती। दबाव के कारण अणु-केंद्र और कण एक-दूसरे के नज़दीक आ जाते हैं। यही कारण है कि सूर्य का घनत्व पृथ्वी के किसी भी भाग के घनत्व से अधिक है।

पृथ्वी पर जो मूलतत्त्व (एलिमेंट्स) मिलते हैं, किसी-न-किसी रूप में वे सूर्य पर भी मिलते हैं। परंतु ये मूलतत्त्व पृथ्वी पर जिस प्रकार रासायनिक सम्मिश्रण के रूप में मिलते हैं, उस प्रकार सूर्य पर नहीं मिलेंगे। सूर्य पर ये तत्त्व-रूप में ही हैं; कहीं पर तो मात्र अणु-रूप में भी मिलते हैं। इसका कारण है सूर्य का भयंकर तापमान।

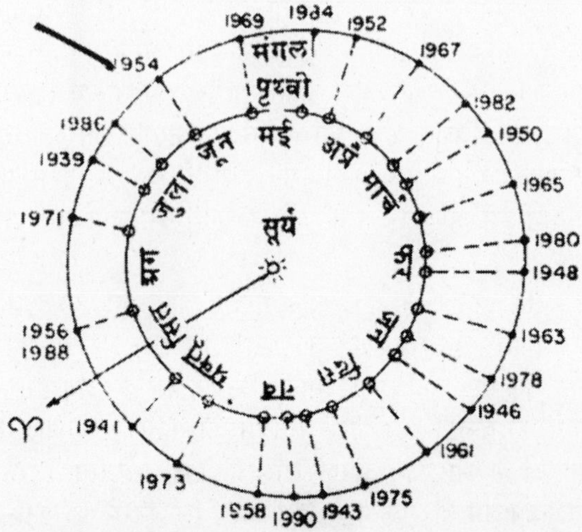

सन् 1939 से 1990 तक पृथ्वी से मंगल की वियुतियां (आपोजिशंस)। हर दो साल बाद मंगल ग्रह पृथ्वी के नजदीक आता है। हर पंद्रह या सत्रह साल बाद मंगल और पृथ्वी के बीच न्यूनतम दूरी रहती है। सितंबर 1988 में भी न्यूनतम दूरी रही।

सूर्य के ये अणु किस रूप में हैं? पृथ्वी पर जिस प्रकार हम पदार्थों का घन, द्रव और वायु-रूपों में विभाजन करते हैं, वह सूर्य पर संभव नहीं। सूर्य का बहिरंग वायु-रूप है, इतना तो हम कह सकते हैं, परंतु इसके बावजूद कि सूर्य का अंतरंग कल्पनातीत दबाव से प्रभावित है, फिर भी वह घनरूप है, यह हम नहीं कह सकते। यहां भी सूर्य के गुणधर्म वायु रूप पदार्थ की ही तरह हैं। कारण है सूर्य का अंदर का अत्यधिक तापमान और दबाव।

अणु-शक्ति से तात्पर्य है अणु के केंद्र से प्राप्त हुई शक्ति। समान जातीय विद्युत्-कण एक-दूसरे से दूर होने का प्रयत्न करते हैं और असमान जातीय विद्युत्-कण एक-दूसरे के नज़दीक आने का। यही हाल अणु के विद्युत्-कणों का भी है। अणु के दो केंद्र जब एक-दूसरे के निकट जाएंगे तो उनमें एक-दूसरे को अलग फेंकने की प्रवृत्ति होगी। परंतु किसी कारण जब ये अणु-केंद्र एक-दूसरे में विलीन हो जाते हैं, तो अणु की शक्ति कम होती है। शेष शक्ति का क्या होगा? यही शेष शक्ति उष्णता के रूप में केंद्र से बाहर आती है। यही उष्णता आज तक सूर्य का जीवन चला रही है और आगे भी चलाती रहेगी।

आज का मानव सूर्य-शक्ति की बराबरी करने जा रहा है। वह सूर्य की शक्ति पृथ्वी पर पैदा करके उसका उपयोग करना चाहता है। इंग्लैंड के विज्ञान-वेत्ता इस

प्रयत्न में कुछ सफल भी हुए हैं। उन्होंने 'ज़ीटा' नामक एक ऐसे लघु सूर्य का निर्माण किया है जिसका तापमान 50 लाख डिग्री सेंटिग्रेड तक पहुंच जाता है।

सूर्य की आयु–बाहर छह हज़ार और अंतरंग में दो करोड़ डिग्री सेंटीग्रेड तापमान वाले इस सूर्य के गोले से उष्णता उत्सर्जित होती रहती है। इस उष्णता का जितना अंश पृथ्वी पर पड़ता है उससे यहां जीवन, वर्षा और धन-धान्य की वृद्धि होती है। खगोलशास्त्रियों का अनुमान है कि सूर्य का जन्म चार अरब वर्ष पूर्व हुआ था। गैमो का मत है कि सूर्य का तापमान दिनोदिन बढ़ रहा है और एक दिन आएगा जबकि अधिक तापमान के कारण पृथ्वी पर जीवन असंभव हो जाएगा। परंतु ऐसा समय आने के लिए और दस अरब वर्षों का समय लगेगा। इसके बाद सूर्य फिर ठंडा होने लगेगा और कालांतर में इसका स्वयं प्रकाशित रूप समाप्त हो जाएगा। ब्रह्मांड में ऐसे बहुत से तारे मिलेंगे जिनका जीवन समाप्त हो चुका है, वे बुझे हुए अंगारे-से रह गए हैं।

फोटोस्फेयर, क्रोमोस्फेयर और कोरोना–नग्न आंखों से सूर्य-गोले की जो बाहरी चमकीली सतह दिखाई देती है, उसे खगोलविदों ने 'फोटोस्फेयर' का नाम दिया है। सूर्य का अधिकांश ताप और प्रकाश यहीं से विसरित होता है।

फोटोस्फेयर के ऊपर क्रोमोस्फेयर है। पूर्ण सूर्य-ग्रहण को यदि आप दूरबीन से देखें तो क्रोमोस्फेयर गुलाबी रंग का दिखाई देगा। फोटोस्फेयर की परत गैस की बनी हुई है और इसके ऊपर पृथ्वी के वायुमंडल की तरह क्रोमोस्फेयर और उसके भी ऊपर कोरोना है।

क्रोमोस्फेयर का ऊपरी भाग फोटोस्फेयर से 30,000 मील ऊंचा है। सूर्य की सबसे ऊपरी सतह 'कोरोना' है। पूर्ण सूर्य-ग्रहण के समय जिन्होंने दूरबीन से सूर्य को देखा होगा, वे जानते हैं कि 'कोरोना' वास्तव में सूर्य की विचित्र वस्तु है। फोटोस्फेयर और क्रोमोस्फेयर की सतहें लगभग गोल हैं परंतु कोरोना में दहकती हुई गैस के फव्वारे सहस्त्रों मील ऊंचे उठते दिखाई देते हैं। वास्तव में 'कोरोना' स्थिर नहीं है; इसकी स्थिति बदलती रहती है। 'कोरोना' की यह अस्थिरता सूर्य-कलंकों से अधिक संबंधित है।

सूर्य-कलंक–चंद्रमा की तरह सूर्य की सतह पर भी काले धब्बे हैं। सबसे पहली दूरबीन गैलीलियो (1564-1642) ने सन् 1609 में बनाई। गैलीलियो ने ही सर्वप्रथम अपनी दूरबीन से सूर्य-कलंकों का पता लगाया था। इस बात से दुनिया-भर में खलबली मच गई। यह तो सर्वविदित ही है कि गैलीलियो को अपने प्रगतिशील विचारों के लिए पोप की ओर से धर्म-दंड मिला था। किंतु यह सच है कि सूर्य में काले धब्बे हैं, और कभी-कभी धुआं लगे शीशे में से देखने पर वे स्पष्ट दिखाई देते हैं। यदि उनका व्यास एक हज़ार मील से कम होता तो वे दिखाई भी नहीं

देते, परंतु कई बार वे इससे भी बड़े होते हैं। सन् 1947 में एक ऐसा धब्बा दिखाई दिया था जिसका क्षेत्रफल पांच अरब वर्ग मील था। पृथ्वी जैसे सौ से भी अधिक गोले इसमें समा सकते थे। अभी इसी साल अमरीका की एक प्रयोगशाला ने रेडियो कैमरे से सूर्य के एक धब्बे का चित्र लिया है। यह चित्र पृथ्वी से 80,000 फीट ऊपर एक बलून द्वारा लिया गया था। इस चित्र के एक धब्बे का व्यास 30,000 मील है और यह आज तक के ज्ञात धब्बों में सबसे बड़ा माना गया है।

साधारणतया सूर्य के धब्बे समूह में दिखाई देते हैं। पहले ये धब्बे बढ़ते जाते हैं, फिर सप्ताह-दो सप्ताह बाद वे लोप हो जाते हैं। वे प्रतिदिन अपना स्थान बदलते दिखाई देते हैं, जिससे यह स्पष्ट हो जाता है कि सूर्य अपनी धुरी पर घूमता रहता है। परंतु यह घुमाव पृथ्वी जैसा नहीं है। बीच के धब्बे अधिक वेग से घूमते हैं और ऊपर-नीचे के कम वेग से। इससे यह प्रमाणित हो जाता है कि सूर्य ठोस नहीं है, वह गैस-रूप है। यदि वह ठोस होता तो उसका समस्त तल एक साथ घूमता।

सूर्य के धब्बों की गतिविधि का परीक्षण करके हम सूर्य के 'दिन' की जानकारी प्राप्त कर सकते हैं, अर्थात् सूर्य अपनी धुरी पर घूमने में कितना समय लगाता है। वैज्ञानिकों ने पता लगाया है कि मध्य रेखा पर सूर्य का एक चक्कर पच्चीस दिन में पूरा होता है और ध्रुवों पर एक महीने में।

सूर्य के धब्बे वस्तुत: काले नहीं हैं। उनके काले दिखाई देने का कारण यही हो सकता है कि वे अपेक्षाकृत शीतल हैं। सूर्य के मानदंड से वे शीतल हो सकते हैं, परंतु पृथ्वी के मानदंड से वे फिर भी बहुत गरम हैं। सूर्य के इन धब्बों के बारे में अभी तक पूर्ण जानकारी नहीं मिली है, किंतु इतना हम जानते हैं कि वे पृथ्वी के चक्रवात के समान हैं। सूर्य के धब्बों की गैस कभी ऊपर उठती है, कभी नीचे बैठ जाती है।

प्रतिवर्ष इन सूर्य-कलंकों की संख्या बदलती रहती है। निष्क्रिय वर्ष में इनकी संख्या 50 के आसपास रहेगी, परंतु सक्रिय वर्षों में यह संख्या 300 से 400 तक पहुंच जाती है। हर ग्यारहवें वर्ष सूर्य के धब्बों का एक विशेष सक्रिय वर्ष होता है। इसके बाद वे धीरे-धीरे घटते जाते हैं।

सूर्य के इन धब्बों से यह स्पष्ट है कि यहां पर लगातार उथल-पुथल मचती रहती है, अंदर से ताप और प्रकाश उबलता रहता है। हर ग्यारहवें वर्ष एक उठान आता है और धब्बे भारी संख्या में प्रकट होते हैं। सूर्य के इन धब्बों का प्रभाव पृथ्वी पर भी पड़ता है। जब सूर्य पर अधिक धब्बे होते हैं तो पृथ्वी पर चुंबकीय तूफान आता है। हमारे रेडियो में ऐसे समय काफी बाधा उत्पन्न होती है और वे ठीक काम नहीं करते।

ग्रहों की उत्पत्ति

सौर-मंडल की रचना–सौर-मंडल का केंद्र सूर्य है और इसके चारों ओर नौ ग्रह चक्कर लगाते हैं, जिनमें से हमारी पृथ्वी भी एक है। सूर्य की तुलना में ग्रह काफी छोटे हैं, परंतु हमारी पृथ्वी की तुलना में इनमें से कई काफी बड़े भी हैं। इन नौ ग्रहों के अतिरिक्त सौर-मंडल में सहस्रों चूर्णिकाएं (एस्टरॉयड्स) और धूमकेतु हैं, असंख्य छोटे-छोटे टुकड़े और कण हैं। पदार्थ के ये छोटे-छोटे टुकड़े सौर-मंडल में विचरण करते रहते हैं और कभी-कभी पृथ्वी पर भी आ जाते हैं। पृथ्वी के वायुमंडल में आकर घर्षण के कारण ये पुच्छलतारे-से दिखाई देते हैं। कभी-कभी तो ये पृथ्वी के धरातल पर भी पहुंच जाते हैं। इन्हें ही हम 'उल्का पत्थर' कहते हैं।

ग्रह जिस गति से सूर्य-परिक्रमा करते हैं उनमें बहुत-सी समानताएं हैं। प्रथम, सभी ग्रह लगभग वृत्ताकार या अंडाकार मार्ग में सूर्य का चक्कर लगाते हैं। दूसरे, ग्रहों का परिक्रमा-पथ एक-दूसरे से थोड़े ही अंशों में झुका हुआ है। अत: पूर्ण सौर-मंडल एक तश्तरी के आकार का दिखाई देता है। तीसरे, छोटे-बड़े सभी ग्रह, बिना किसी अपवाद के, एक ही दिशा में सूर्य की परिक्रमा करते हैं। उत्तरी ध्रुव से यदि ग्रहों की गति का परीक्षण किया जाए तो सभी ग्रह, घड़ी की सुइयां जिस प्रकार घूमती हैं, उसके विपरीत दिशा में घूमते दिखाई देंगे। ग्रह अपनी धुरी पर भी इसी दिशा में परिक्रमा करते हैं और सूर्य अपनी धुरी पर इसी दिशा में घूमता है। इतना ही नहीं, उपग्रह भी अपने ग्रहों की इसी दिशा में परिक्रमा करते हैं।

ये सभी समानताएं इसी बात की ओर निर्देश करती हैं कि सौर-मंडल के सभी ग्रहों की उत्पत्ति एक ही समय और एक ही कारण से हुई है।

सूर्य के निकट के चार ग्रह–बुध, शुक्र, पृथ्वी और मंगल–तुलना में अन्य ग्रहों से काफी छोटे हैं। इन चारों में पृथ्वी ही सबसे बड़ा ग्रह है। परंतु इन ग्रहों का घनत्व काफी ऊंचा है–पानी के घनत्व के चार-पांच गुना। इनके बाद के ग्रह–बृहस्पति, शनि, यूरेनस और नेपच्यून–यद्यपि आकार में काफी बड़े हैं परंतु इनका औसत घनत्व कम है–लगभग पानी के ही बराबर। शनि का घनत्व तो पानी से भी कम

है। सन् 1930 में एक और छोटे ग्रह प्लूटो का पता लगा। क्योंकि प्लूटो पृथ्वी से बहुत दूर है और छोटा भी है, अत: इसके बारे में हमें बहुत ही कम जानकारी प्राप्त हुई है।

आकार-प्रकार और पदार्थ-राशि, दोनों ही दृष्टि से ग्रह सूर्य की तुलना में काफी छोटे हैं। समस्त ग्रहों की पदार्थ-राशि सूर्य की पदार्थ-राशि का केवल 745वां हिस्सा है। इस प्रकार संपूर्ण सौर-मंडल की 99.87 प्रतिशत पदार्थ-राशि केवल सूर्य में ही समाई हुई है।

सौर-मंडल की उत्पत्ति को समझने के लिए हमें विभिन्न ग्रहों की वलितात्मक गति (ऐंगुलर मोमेंटम) को समझ लेना ज़रूरी है। यह गति पदार्थ-राशि × वेग × अर्धव्यास के बराबर होती है। यह एक गणितीय सिद्धांत है कि यदि बाहर की कोई बाधा न हो तो किसी भी समूह की अपनी वलितात्मक गति स्थायी रहती है, घटती नहीं। हम यह जानते हैं कि सौर-मंडल पर किसी बाहरी शक्ति का प्रभाव नहीं है। इसके ग्रहों की वलितात्मक गति आरंभ-काल से अक्षुण्ण बनी हुई है। यह गति ग्रहों को उनके सूर्य से अलग होने के समय ही मिली थी, यद्यपि ग्रहों की तुलना में सूर्य की तौल काफी अधिक है, सौर-मंडल की संपूर्ण वलितात्मक गति का इसको बहुत ही कम हिस्सा मिला है—दो प्रतिशत से भी कम, शेष 98 प्रतिशत का ग्रहों में वितरण हो गया है।

छोटे ग्रह और बड़े ग्रहों में भेद केवल पदार्थ-राशि और घनत्व का ही नहीं है, उनकी अपनी धुरी-गति और उपग्रहों की संख्या के कारण भी है। बुध और शुक्र को यदि हम छोड़ भी दें, जिनकी मंद गति शायद सूर्य के निकट होने के कारण है, बृहस्पति और शनि जैसे विशाल ग्रह पृथ्वी की दुगुनी गति से अपनी धुरी पर चक्कर लगाते हैं। छोटे ग्रहों के या तो कोई उपग्रह नहीं हैं और हैं भी तो एक-दो। परंतु बृहस्पति के 12 उपग्रह हैं और शनि के 9।

ग्रह-उत्पत्ति के सिद्धांत—वैज्ञानिकों ने ग्रह-निर्माण के कारणों का अध्ययन करके कई सिद्धांत निर्धारित किए हैं। सबसे पहला प्रयास सन् 1749 में एक फ्रेंच वैज्ञानिक काम्ते द बफून ने किया था। उसके अनुसार एक उल्का तारा (पुच्छल तारा) अंतरिक्ष में घूमता-घूमता सूर्य के निकट आ गया और परिणामस्वरूप सूर्य की पदार्थ-राशि से बहुत से टुकड़े अलग हो गए। ये कण ही पृथ्वी एवं अन्य ग्रह थे।

कांत-लापलेस का सिद्धांत—जर्मनी के प्रसिद्ध दार्शनिक कांत ने सन् 1755 में एक सिद्धांत प्रस्तुत किया। उसका अनुमान था कि आरंभ में सूर्य के आयतन में सभी वर्तमान ग्रह समाहित थे। यह आरंभिक सूर्य अपनी ही धुरी पर घूम रहा था और धीरे-धीरे ठंडा हो रहा था, जिससे इसमें सिकुड़न पैदा हुई। सिकुड़न के कारण इसके आयतन में कमी हुई और केंद्र-बहिर्गत शक्ति में वृद्धि हुई। परिणामस्वरूप सूर्य के

कुछ ऊपरी भाग उससे छिटककर अलग हो गए। ये छिटके हुए भाग सूर्य के चारों ओर गैस के छल्लों के रूप में थे। कालांतर में ये गैस के छल्ले टूट गए और ठंडे होकर ग्रह-रूप में सूर्य की परिक्रमा करने लगे। कांत की तो यह घोषणा थी कि 'मुझे पर्याप्त पदार्थ-राशि दीजिए, मैं विश्व का निर्माण करके दिखा दूंगा।'

40 वर्ष बाद सन् 1796 में फ्रांस के प्रसिद्ध गणितज्ञ लापलेस ने कांत के उपरोक्त सिद्धांत का ही परिष्कार और विकास किया था।

सन् 1850 के आस-पास आंग्ल वैज्ञानिक मैक्सवेल ने इस सिद्धांत पर कई आपत्तियां उठाईं। पहली आपत्ति तो यह थी कि गणितीय सिद्धांत के अनुसार छल्लेदार गैस से अलग-अलग ग्रहों का निर्माण हो नहीं सकता। दूसरी आपत्ति वलितात्मक गति के संबंध में थी। यह एकदम असंभव बात है कि 98 प्रतिशत गति गैस के छल्ले में हो और सूर्य के हिस्से में केवल दो प्रतिशत ही रह जाए। इसलिए यह आवश्यक हो जाता है कि हम किसी बाहरी शक्ति की कल्पना करें जिससे ग्रहों की गति को इतना अधिक हिस्सा मिला हो। अतः कांत-लापलेस का मुद्रिका (रिंग) सिद्धांत वैज्ञानिक जगत् में प्रायः अमान्य हो गया।

चैंबरलेन और मोल्टेन का ग्रहाणु-सिद्धांत–सन् 1904 में चैंबरलेन और मोल्टेन नामक दो अमरीकन वैज्ञानिकों ने एक सिद्धांत प्रस्तुत किया, जिसके अनुसार ग्रहों की उत्पत्ति सूर्य और सूर्य जैसे ही अन्य एक तारे के संघर्ष से हुई है। इन वैज्ञानिकों का अनुमान है कि ग्रह-निर्माण के पूर्व सूर्य तप्त तथा गैसपूर्ण नहीं था बल्कि ठोस कणों से निर्मित, चक्राकार तथा ठंडा था। किसी अन्य तारे के निकट आने से, और उसकी आकर्षण-शक्ति से मूल पिंड (सूर्य) का कुछ भाग टूटकर उस तारे की ओर दौड़ गया। मूल पिंड का मध्यवर्ती भाग तो वर्तमान सूर्य है, तथा जो भाग टूटकर बिखर गया था उसमें कुछ ग्रंथियां पैदा हो गईं जिनमें चारों ओर के बहुत छोटे-छोटे ठोस कण, जो मूल पिंड से टूटकर इधर-उधर बिखर गए थे, आकर्षण-शक्ति से खिंचकर समाहित हो गए और धीरे-धीरे उन्होंने ग्रहों का रूप धारण कर लिया।

उक्त सिद्धांत के प्रति भी कई आपत्तियां उठाई गईं। उनका निराकरण करते हुए प्रसिद्ध आंग्ल वैज्ञानिक सर जेम्स जींस एवं जैफरे ने अपना एक सिद्धांत प्रस्तुत किया। यह सिद्धांत 'ज्वार-भाटा सिद्धांत' के नाम से प्रसिद्ध है।

जींस और जैफरे का ज्वार-भाटा सिद्धांत–पिछले प्रकरण में हम आकाश-गंगा के रूप को देख चुके हैं। हमारा सूर्य भी आकाश-गंगा के असंख्य तारों में से एक है। हम यह भी देख चुके हैं कि सूर्य से निकटतम नक्षत्र चार प्रकाश-वर्ष से कम दूरी पर नहीं है। इसलिए दो नक्षत्रों का निकट आकर एक-दूसरे को धक्का लगाना लगभग असंभव है। अनुमान है कि प्रायः दो करोड़ वर्ष पूर्व ऐसी ही एक

दु:संभव घटना हो गई थी। हमारे सूर्य के निकट एक अन्य विशाल तारा आ पहुंचा था। जिस प्रकार चंद्रमा के आकर्षण से समुद्र में ज्वार की तरंगें उठा करती हैं, उसी प्रकार इस दूसरे तारे के आकर्षण से सूर्य के भीतर प्रचंड वेग से ज्वार की तरंगें उठी थीं। अंत में ये तरंगें सूर्य से अलग होकर बाहर निकल आईं। ऐसी स्थिति उत्पन्न करके वह दूसरा तारा तो अपने रास्ते चला गया, परंतु सूर्य में कुछ उद्रेक पैदा कर गया। उद्रेक के कारण गरम गैस की यह तरंग जेट की शक्ल में बाहर निकल आई। इस जेट में से अंत में ज्वलंत वाष्प के टुकड़े टूट-टूटकर अलग होते गए और सूर्य के प्रबल आकर्षण से खिंचकर उसी के चारों ओर चक्कर काटने लगे। कालांतर में ठंडे होकर, अपना प्रकाश खोकर ये ग्रह कहलाए। हमारी पृथ्वी भी इन्हीं में से एक है। जिस प्रकार सूर्य में उद्रेक पैदा होने से ग्रहों की उत्पत्ति हुई, उसी प्रकार अभी पृथ्वी जब गैस-रूप में ही थी, उसमें भी एक उद्रेक पैदा हुआ। इसी उद्रेक ने कालांतर में हमारे चंद्रमा को जन्म दिया।

जींस का उपरोक्त सिद्धांत सन् 1920-30 के बीच काफी प्रसिद्ध रहा। वलितात्मक-गति के वितरण को ठीक बिठाने के लिए जींस ने किसी दूसरे तारे के सूर्य के निकट आने की कल्पना की। तारे एक-दूसरे से इतने दूर हैं कि उनका निकट आना एक बहुत ही विरल घटना है। अत: जींस के सिद्धांत से यह सिद्ध हो जाता है कि ग्रह-निर्माण की घटना बहुत ही अद्‌भुत है।

लेकिन दस-पंद्रह वर्ष बाद ही यह सिद्धांत गलत सिद्ध कर दिया गया। अमरीकन खगोलशास्त्री रसेल ने यह सिद्ध कर दिया कि जींस का सिद्धांत सौर-मंडल के इतने विस्तार को समझाने में असमर्थ है। सूर्य में उद्रेक पैदा करने के लिए दूसरे तारे का काफी निकट आ जाना ज़रूरी है और ऐसी परिस्थिति में सूर्य के जेट से जो ग्रह बनेंगे उन्हें सूर्य की नज़दीक से ही परिक्रमा करनी चाहिए थी। परंतु हम जानते हैं कि ग्रह सूर्य-व्यास की कई हज़ार गुना दूरी पर चक्कर लगाते हैं। इस प्रकार बृहस्पति सूर्य-व्यास की 500 गुना दूरी पर उसकी परिक्रमा करता है और नेपच्यून सूर्य-व्यास की 3,200 गुना दूरी पर। पारिस्की ने गणितीय आधार पर यह सिद्ध कर दिया कि जींस का सिद्धांत सूर्य और ग्रहों की दूरी को समझाने में असमर्थ है। कांत-लापलेस सिद्धांत जैसे सूर्य की कम बलितात्मक-गति को नहीं समझा सकता, उसी प्रकार जींस का सिद्धांत ग्रहों की अधिक वलितात्मक-गति को पूर्ण रूप से समझाने में असमर्थ है।

बहुत से वैज्ञानिकों ने तो धर्म का भी सहारा लिया है। आंग्ल वैज्ञानिक प्रो. स्मार्ट ने सन् 1951 में प्रकाशित अपनी पुस्तक 'ओरिजन ऑफ दि अर्थ' में स्पष्ट रूप से लिखा है–''हममें से बहुतों के लिए, चाहे हम वैज्ञानिक हों या सर्वसाधारण, दैवी शक्ति की अब भी उतनी ही आवश्यकता है जितनी कि पहले से रही है।''

फोन वाइस्साकर का सिद्धांत—सन् 1943 में जर्मनी के प्रसिद्ध भौतिक विज्ञान-वेत्ता वाइस्साकर ने विज्ञान द्वारा उद्घाटित अनेक नए तथ्यों के आधार पर सौर-मंडल की उत्पत्ति के विषय में एक नया सिद्धांत स्थापित किया। इस सिद्धांत को काफी मान्यता मिली है। भारतीय विज्ञान-वेत्ता डॉ. चंद्रशेखरन् और टेर हार ने इस सिद्धांत का समर्थन किया है और इसमें कुछ संशोधन भी किए हैं। इस सिद्धांत के अनुसार सूर्य जैसे नक्षत्रों का निर्माण हीलियम, हाइड्रोजन एवं ब्रह्मांडीय धूलि से हुआ है। धीरे-धीरे इनमें संघनन (कंडंसेशन) होने लगा। परिणामस्वरूप सूर्य के इर्द-गिर्द गैस एवं धूलि के अति सूक्ष्म कण, अपने-अपने कक्ष में चक्कर काटने लगे। इस गति में धूलिकण एक-दूसरे से बड़ी ज़ोर से टकराते थे और छोटे कण बड़े कणों में समाहित हो जाते थे। इस प्रकार उस धूलि-पुंज का आयतन बढ़ता गया और संघर्ष की ऊर्जा से वह पुंज तरल एवं गैसीय स्थिति में परिवर्तित होता गया। लगभग 10 करोड़ वर्ष तक उपर्युक्त प्रक्रिया चलती रही। अंत में इन धूलि-पुंजों ने ग्रहों का रूप धारण कर लिया और वे धीरे-धीरे ठंडे होते गए। इस प्रकार सूर्य के ग्रहों का निर्माण आज से लगभग दो-तीन अरब वर्ष पूर्व हो चुका था।

वाइस्साकर और उसके अनुयायियों ने तापगति विज्ञान (थर्मोडायनॉमिक्स) और स्टेटिकल नियमों का अपने सिद्धांत में प्रयोग किया है। सूर्य और ग्रहों की दूरी के सादृश्य को समझाने के लिए वाइस्साकर ने कल्पना की कि आरंभिक परिस्थिति में सूर्य के इर्द-गिर्द उतने ही बड़े धूलि-बादल थे जितने कि आज ग्रह हैं।

सन् 1943 के बाद जिन वैज्ञानिकों ने इस दिशा में नए सिद्धांत प्रस्तुत किए हैं, उनमें कुइपेर, उरे, फेसेन्कोव और स्मिथ का विशेष महत्त्व है। प्रथम तीन वैज्ञानिकों का मत है कि सौर-मंडल की उत्पत्ति धूलिकण एवं गैसीय पदार्थों से हुई है। स्मिथ का भी लगभग यही मत है।

ओटो स्मिथ का नया सिद्धांत—रूस के श्री स्मिथ का मत है कि आरंभ में सूर्य के इर्द-गिर्द धूलि-मेघ एवं गैसीय पदार्थ चक्कर लगाते थे। बड़े ग्रह का निर्माण सूर्य के विभिन्न कक्षों में घूमने वाले छोटे-छोटे धूलि-बादलों के संघटन से हुआ है। इसके आधार पर सौर-मंडल के छोटे और बड़े दो ग्रह-समूहों के भेद को भी समझने में आसानी होती है।

परंतु सूर्य के इर्द-गिर्द ये धूलि-मेघ एवं गैसीय पदार्थ कहां से आए? हम यह जानते हैं कि हमारी गैलेक्सी—आकाश-गंगा—में इस तरह के गैसीय पदार्थ एवं धूलि-मेघ पर्याप्त मात्रा में हैं। स्मिथ का कथन है कि घूमते-घूमते ये रजकण-मेघ जब सूर्य के निकट आए होंगे तो इनका बहुत-सा भाग सूर्य ने पकड़ लिया होगा। इसी से कालांतर में सौर-मंडल की उत्पत्ति हुई। स्मिथ के सिद्धांत का विस्तृत विवेचन सन् 1958 में रूस से प्रकाशित इनकी पुस्तक 'पृथ्वी की उत्पत्ति' में मिलता है।

ग्रहों की गति–प्राचीन मानव का विश्वास था कि पृथ्वी सपाट है। आज भी ऐसे बहुत से लोग मिलेंगे जो यह मानने के लिए तैयार नहीं हैं कि पृथ्वी गोल है। परंतु कृत्रिम चंद्रमा से लिए गए पृथ्वी के चित्रों से अब यह बात निर्विवाद हो गई है कि पृथ्वी भी सूर्य, चंद्र और अन्य ग्रहों की ही तरह गोल है।

वैदिक साहित्य में कुछ ऐसे उल्लेख मिलते हैं जिनसे यह सिद्ध होता है कि उस समय वैदिक आर्यों को पृथ्वी के गोल होने का ज्ञान था। ईसा के लगभग 530 वर्ष पूर्व यूनान के प्रसिद्ध गणितज्ञ पायथेगोरस ने भी यही कहा था कि पृथ्वी गोल है, परंतु पृथ्वी उसके लिए विश्व का केंद्र ही थी। धर्म की भी यही मांग थी। हमारी पृथ्वी विश्व का केंद्र न हो, यह बात धर्म-पुजारियों के लिए असह्य थी। यही कारण है कि बहुत वर्षों तक इस दिशा में प्रगति नहीं हो सकी। ईसा-पूर्व तीसरी शताब्दी में यूनानी दार्शनिक अरिस्टार्कस ने कहा था कि सूर्य स्थिर है और पृथ्वी, मंगल, बुध आदि ग्रह उसकी परिक्रमा करते हैं। इन विचारों के कारण वहां के धार्मिक लोगों ने अरिस्टार्कस को देश-निर्वासित कर दिया।

अलेक्ज़ेंड्रिया (मिस्र देश) के ज्योतिषी टालमी (ई. पू. 170) का विश्वास था कि चंद्र, सूर्य, बुध, मंगल, सभी ग्रह पृथ्वी की वृत्त मार्ग में परिक्रमा करते हैं। टालमी की धाक इतनी जमी कि लगभग डेढ़ हज़ार वर्ष तक उसकी बात ही मानी जाती रही। परंतु सन् 1545 में प्रसिद्ध खगोलविद् कोपर्निकस की पुस्तक के प्रकाशन के कारण टालमी की मान्यता कम होती गई। कोपर्निकस (1473-1547 ई.) तो धर्म-गुरुओं के हाथ से बच गया, क्योंकि जब उसकी पुस्तक प्रकाशित हुई थी उस समय वह मृत्यु-शय्या पर पड़ा हुआ था। परंतु गिओनार्डो ब्रूनो को तो इन धर्मदंभियों ने जीवित ही जला डाला। गैलीलियो के हाल को हम जानते ही हैं। इस महापुरुष को जीवन के अंतिम क्षण नज़रबंदी में काटने पड़े। (गैलीलियो इस समय लगभग अंधा हो गया था।)

सन् 1609 में (इसी वर्ष गैलीलियो ने दूरबीन का आविष्कार किया) जर्मनी के प्रसिद्ध गणितज्ञ जोन केपलर (1571-1631 ई.) ने ऐसे तीन गणितीय सिद्धांतों की स्थापना की, जिनके आधार पर सौर-मंडल की गति-प्रणालियां आसानी से समझी जा सकती थीं। केपलर का सिद्धांत बताता है कि ग्रह दीर्घ वृत्ताकार मार्ग में सूर्य की परिक्रमा करते हैं और ग्रह का वेग उसकी सूर्य से दूरी पर निर्भर करता है। जो ग्रह सूर्य से जितना दूर होगा, वह उतने परिमाण में सूर्य की मंद गति से परिक्रमा करेगा।

बुध-ग्रह

वैदिक काल के ऋषि उषःकाल के पहले ही जाग्रत हो, स्नानादि से निवृत्त होकर भजन करने लग जाते थे। पूर्वाकाश में उन्होंने एक ऐसा ज्योति-पिंड देखा होगा जो आकाश के स्थिर तारों से कुछ भिन्न था। फिर उन्हें पश्चिम-आकाश में सूर्यास्त के थोड़े ही समय बाद इसी तरह की एक ज्योति दिखाई दी होगी। कालांतर में दोनों का सादृश्य देखकर उन्हें इस ज्योति-पिंड के ग्रह होने का ज्ञान हुआ होगा। प्राचीन काल से जो पांच ग्रह—पंचदेव—हमारे पूर्वजों को ज्ञात थे, बुध भी उनमें से एक था। ग्रहों की संख्या के बारे में महाभारत के भीष्म पर्व में उल्लेख आता है—'जैसे पांच ग्रह सूर्य को घेरते हैं, वैसे ही द्रौपदी के पांचों महान धनुर्धर पुत्रों ने क्रुद्ध होकर अलम्बुष राक्षस को घेरकर उस पर आक्रमण किया।' बुध की द्रुत गति के कारण यूनानी ज्योतिषियों ने तो इस ग्रह का नाम देवताओं के संदेशवाहक मर्करी के नाम पर रख दिया। वास्तव में बुध को देख पाना बहुत ही कठिन काम है। यह कथा प्रचलित है कि कोपर्निकस जैसा कुशल ज्योतिषी अपने जीवन-काल में इस ग्रह को एक बार भी नहीं देख पाया, यद्यपि यह बात कुछ असंभव-सी लगती है।

आकार-प्रकार—बुध-ग्रह औसतन 3,60,00,000 मील की दूरी पर सूर्य की परिक्रमा करता है और यह सूर्य से सबसे निकट का ग्रह है। अपवादस्वरूप केवल धूमकेतु और इकारस नामक एक चूर्णिका (एस्टरॉयड) ही सूर्य के बुध से भी अधिक निकट आती है। लगभग सौ वर्ष पूर्व सूर्य और बुध के बीच एक और ग्रह की कल्पना की गई थी और इसका नामकरण-संस्कार भी हो गया था—'वूल्कन'।

लवेरी, जो कि उस समय पेरिस वेधशाला के अध्यक्ष थे, अपने समय के संभवतः सबसे प्रसिद्ध खगोलविद् थे। उन्होंने देखा कि यूरेनस (उस समय के ज्ञात ग्रहों में अंतिम) के भ्रमण-मार्ग में और गणितीय हिसाब में अंतर पड़ता है, अतः यूरेनस को आकर्षित करने वाला इसके परे कोई ग्रह अवश्य होना चाहिए और सचमुच ही एक नया ग्रह—नेपचून गणित द्वारा पूर्व-निर्धारित स्थान पर मिल गया। यूरेनस की ही तरह बुध-ग्रह के भी भ्रमण-मार्ग और गणितीय हिसाब में अंतर था।

लवेरी ने सोचा कि सूर्य और बुध के बीच एक और ग्रह होना चाहिए। वास्तव में उनका यह ख़याल गलत था। आइंस्टीन के सापेक्षवाद से अब इस अंतर का स्पष्टीकरण हो गया है। बुध सूर्य की दीर्घवृत्त मार्ग में परिक्रमा करता है और सूर्य इस दीर्घवृत्त के केंद्र से काफी दूर हटा हुआ है। बुध अपने भ्रमण-मार्ग में जब सूर्य के निकटतम रहता है तब सूर्य से इसकी दूरी केवल 2,85,00,000 मील रह जाती है और जब सबसे दूर होता है तब 4,35,00,000 मील। बुध की पृथ्वी से सबसे अधिक दूरी 13,30,00,000 मील और सबसे कम दूरी 5,80,00,000 मील है। (बुध का व्यास केवल 3,100 मील है, पृथ्वी का व्यास 7,900 मील और चंद्रमा का 2,160 मील)। अत: बुध हमारे चंद्रमा से केवल ड्योढ़ा है।

परीक्षण–यूरेनस ग्रह की खोज करने वाले प्रसिद्ध खगोलविद् सर विलियम हेर्शेल ने सर्वप्रथम बुध का दूरबीन द्वारा गंभीर परीक्षण किया है। इन्हें बुध के पृष्ठ पर किसी प्रकार के चिह्न नहीं दिखाई दिए। परंतु जर्मनी के जोहान श्रोटेर, जिन्होंने बुध का एक मानचित्र भी बनाया था, का विश्वास था कि बुध पर अवश्य कुछ चिह्न दिखाई देते हैं। उन्होंने बुध पर 11 मील ऊंचे पर्वत तक की कल्पना की है।

इतालियन खगोलविद् शियापारेली ने भी बुध का नक्शा बनाया था। इन्होंने सूर्यास्त की प्रतीक्षा न करके, दिन रहते ही, जबकि बुध क्षितिज के काफी ऊपर रहता है, अपने कई परीक्षण किए। सन् 1881 और 1889 के बीच शियापारेली ने बुध के गुलाबी गोले पर कई काली लकीरें व धब्बों का पता लगाया। इन्होंने बुध के 'दिन' का भी पता लगाया। श्रोटेर के अनुसार बुध का 'दिन' हमारी पृथ्वी के दिन के बराबर ही है–24 घंटों का। परंतु शियापारेली के अनुसार, बुध अपना एक गोलार्ध हमेशा सूर्य की ओर ही बनाए रखता है–हमारे चंद्रमा की तरह। इसका मतलब यह हुआ कि बुध का सूर्य-परिक्रमा का समय और अपनी धुरी-परिक्रमा का समय बराबर है। बुध हमारे 88 दिनों में सूर्य की एक परिक्रमा पूर्ण करता है, अत: बुध का एक दिन हमारे 88 दिन के बराबर होगा। बुध का 'दिन' और 'वर्ष' दोनों समान हैं। वास्तव में, बुध पर 'दिन और रात' का सवाल ही नहीं उठता। इसके एक गोलार्द्ध में हमेशा दिन रहता है और दूसरे में हमेशा रात। सूर्य के निकट का यह लघु-संसार सचमुच ही अद्भुत है।

बुध की उपरोक्त स्थिति का कारण हम जानते हैं। ग्रह-निर्माण की आरंभिक परिस्थिति में, सूर्य के निकट होने के कारण, बुध ज्वलंत एवं मुलायम पदार्थ के रूप में रहा होगा और इसका सूर्य-परिक्रमा करने का वेग भी आज से अधिक रहा होगा। जिस प्रकार चंद्रमा के आकर्षण के कारण हमारी पृथ्वी के समुद्र पर प्रचंड लहरें उठती हैं, उसी प्रकार सूर्य के आकर्षण के कारण मुलायम बुध का कुछ भाग सूर्य की ओर ऊपर उभर आया होगा। जैसे-जैसे बुध सूर्य की परिक्रमा करता गया, सूर्य

इसी प्रयत्न में रहा कि यह बाहर उभरा भाग ऐसा ही बना रहे। परिणामस्वरूप बुध का वेग कम होता गया और अंत में सूर्य के सापेक्ष यह एकदम शून्य हो गया।

फ्रांस के तीन खगोलवेत्ता एंटोनियादी, लोयट और डोल्फ़ूस ने बुध-ग्रह का विशेष रूप से अध्ययन किया है। एंटोनियादी का नक्शा शियापारेली के नक्शे से काफी समानता रखता है। इन्होंने बुध के सफ़ेद और काले क्षेत्रों के नाम भी रख दिए हैं जो अब काफी प्रचलित हो गए हैं। एंटोनियादी के अधूरे काम को लोयट ने हाथ में लिया था, परंतु सन् 1952 में इनकी अचानक मृत्यु हो गई। सन् 1950 में डोल्फ़ूस ने बुध का एक नक्शा तैयार किया। यह बुध का सर्वोत्तम मानचित्र माना जाता है। एक और सुंदर मानचित्र जर्मनी के सांडेर महाशय ने तैयार किया है।

इतना सब होने पर भी अभी तक हमको बुध के 'भूगोल' की पूर्ण जानकारी नहीं है। 'पूर्ण बुध' को देख पाना बहुत कठिन है, कारण कि इस समय यह सूर्य के पीछे रहता है। नग्न आंखों से जब हम इसे देख पाते हैं तब यह आधा या कला-रूप में दिखाई देता है।

विपलायन-वेग–जो वस्तु ऊपर जाती है वह अवश्य नीचे आती है। यदि हम गेंद को ऊपर फेंकें तो वह फिर नीचे लौट आती है। लेकिन इस गेंद को सात मील प्रति सेकंड की शक्ति से ऊपर फेंका जाए तो वह पुनः पृथ्वी पर वापस नहीं आएगी। पृथ्वी में आकर्षण-शक्ति अवश्य है, लेकिन बहुत अधिक नहीं है। सात मील प्रति सेकंड के वेग से ऊपर फेंकी हुई कोई भी वस्तु पृथ्वी की आकर्षण-शक्ति को तोड़कर बाहर निकल जाएगी। इसी वेग को 'विपलायन-वेग' कहते हैं। हमारे वायुमंडल के कण यदि इससे अधिक वेग से दौड़ें तो वायुमंडल पृथ्वी से अलग हो जाएगा। चंद्रमा पर ठीक यही हुआ है। एक तो यह काफी छोटा है; दूसरे, इसका विपलायन-वेग केवल डेढ़ मील प्रति सेकंड है। अतः चंद्रमा का वायुमंडल इससे बिछुड़ गया है।

बुध का तौल पृथ्वी के तौल का केवल तेईसवां हिस्सा है और इसकी आकर्षण-शक्ति पृथ्वी की चौथाई मात्र है। अतः पृथ्वी पर छह फीट ऊंची छलांग मारने वाला व्यक्ति बुध पर चौबीस फीट ऊंची छलांग मार सकेगा। बुध का विपलायन-वेग सवा दो मील प्रति सेकंड है। ऐसी हालत में बुध पर वायुमंडल के होने की बहुत कम संभावना है। यदि किसी प्रकार की 'वायु' होगी ही तो वह बहुत ही विरल होगी।

बुध पर वायुमंडल लगभग नहीं-सा है। यह और एक बात से प्रमाणित हो जाता है। बुध कभी-कभी सूर्य के सामने से गुज़रता है। इस वक्त सूर्य के गोले पर वह स्पष्ट रूप से एक काले वृत्ताकार धब्बे के रूप में दिखाई देता है। विल्किंस ने 6 नवंबर, 1914 के दिन सूर्य के सामने से गुज़रते हुए बुध का एक चित्र तैयार किया

था। यदि बुध पर वायुमंडल होता तो इस समय इस काले धब्बे के किनारे स्पष्ट नहीं होते–कुछ धुंधले दिखाई देते।

बुध का परिभ्रमण-मार्ग पृथ्वी के परिभ्रमण-मार्ग से लगभग 7 अंश का कोण बनाता है, अत: आकाश में बुध कभी सूर्य के नीचे रहता है तो कभी ऊपर। बुध का सूर्य पर से गुज़रना एक आम बात है। इस प्रकार की पिछली संक्रांति 6 मई, 1957 में हुई थी और 7 नवंबर, 1960 में पुन: संक्रांति हुई। इससे अगली संक्रांति 9 मई 1970 को होगी। यह संक्रांति केवल मई या नवंबर में ही हो सकती है।

शियापारेली और एंटोनियादी, दोनों इस बात से सहमत थे कि बुध की काली लकीरें प्राय: सफ़ेद बादलों से ढक जाती हैं। यह निश्चित है कि बुध के बादल पृथ्वी जैसे नहीं हो सकते। डाल्फ़ूस का तो मत है कि बुध पर बादल निश्चित रूप से नहीं हैं।

लघु आकार और परीक्षण की कठिनाइयों के कारण बुध के तापमान को निश्चित करना बहुत कठिन काम है। यदि यह सच है कि बुध का एक गोलार्द्ध सतत सूर्य की ओर ही रहता है, तो वहां उष्णता भयंकर होनी चाहिए। बुध पर पृथ्वी से आठ गुना तेज़ धूप पड़ती है। और क्योंकि इसे अपना पक्ष बदलने का अवसर नहीं मिलता, इसलिए यहां 770 डिग्री फारेनहाइट तक तापमान हो जाता है। इतनी उष्णता में शीशा और टीन पिघल सकते हैं।

इसके विपरीत बुध का दूसरा गोलार्द्ध, जो कि हमेशा सूर्य की विरुद्ध दिशा में रहता है, बहुत ही ठंडा है। संभवत: सौर–मंडल का यह सबसे अधिक ठंडा स्थान है। बुध पर ऐसा कोई वायुमंडल भी नहीं है कि इस शीत–गोलार्द्ध में उष्ण–गोलार्द्ध से हवा के बहाव के साथ कुछ गरमी चली आए। अत: शीत–गोलार्द्ध में तापमान 'पूर्ण–शून्य' (शून्य के नीचे 273 डिग्री सेंटीग्रेड) से बहुत अधिक ऊंचा नहीं हो सकता। प्लूटो–सौर–मंडल का दूरस्थ ग्रह–अपनी धुरी–परिक्रमा में सूर्य–परिक्रमा से कम समय लगाता है। इसका संपूर्ण पृष्ठ भाग सूर्य–प्रकाश के सामने आ जाता है। यही कारण है कि प्लूटो का तापमान बुध के शीत–गोलार्द्ध से ऊंचा है। अत: यह कहना कि बुध सौर–मंडल का सबसे अधिक तप्त ग्रह है, उचित न होगा; यह सबसे अधिक शीतल भी है।

यदि बुध समान गति से सूर्य–परिक्रमा करता होता और इसका 'दिन' वर्ष के बराबर होता तो ठीक एक गोलार्द्ध सतत सूर्य-प्रकाश के सामने रहता। किंतु परिस्थिति थोड़ी भिन्न है। हम यह जानते हैं कि बुध दीर्घ–वृत्ताकार मार्ग में सूर्य की परिक्रमा करता है और सूर्य इस दीर्घवृत्त के केंद्र से हटा हुआ है। केपलर का प्रथम नियम है कि सभी ग्रह दीर्घवृत्ताकार मार्ग में सूर्य की परिक्रमा करते हैं और सूर्य इस दीर्घवृत्त की 'नाभि' (फोकस) पर रहता है। अत: ग्रह कभी सूर्य के निकट आता

है, कभी दूर चला जाता है। गति-विज्ञान का यह एक सिद्धांत है कि ग्रह अपने परिक्रमा-मार्ग में जब सूर्य के निकट रहता है तो इसका वेग बढ़ जाता है और जब दूर होता है तब वेग भी कुछ मंद हो जाता है। इसलिए जब कोई ग्रह सूर्य के निकटस्थ होता है तब इसकी गति अधिकतम होती है और जब दूरस्थ होता है तब मंदतम। बुध का परिभ्रमण-मार्ग पृथ्वी के मार्ग से अधिक दीर्घवृत्ताकार है। अतः बुध जब सूर्य से कम दूरी पर होता है तब इसका वेग 36 मील प्रति सेकंड हो जाता है और जब बहुत दूर चला जाता है तब 24 मील प्रति सेकंड। इसका परिणाम यह होता है कि बुध की धुरी-गति, सूर्य के सापेक्ष कुछ कम-ज़्यादा हो जाती है। अतः बुध के शीत और उष्ण गोलार्द्धों की सीमा पर सूर्य कभी क्षितिज के ऊपर रहेगा, कभी क्षितिज के नीचे।

बुध को देख पाना कठिन है। कारण यह है कि सूर्य के बहुत निकट होने से वह कभी सूर्य के पहले नहीं निकलता और जब निकलता है तो सूर्यप्रकाश से इतना फीका पड़ जाता है कि दिखाई नहीं देता। शाम को अंधेरा होने के पूर्व ही वह डूब जाता है। बुध कभी-कभी सुबह को पूर्व क्षितिज पर और शाम को पश्चिम क्षितिज पर दिखाई दे जाता है। वर्ष-भर में छह समय ऐसे आते हैं जबकि बुध को देख पाना कुछ आसान हो जाता है। जब बुध दिखाई देता है तो प्रथम श्रेणी के तारे जैसा चमकता है और इसकी चमक व्याध और रोहिणी तारे के बीच की होती है। यदि ग़ौर से देखें तो इसका गुलाबी रंग स्पष्ट हो जाएगा और यदि दो-तीन इंच व्यास की दूरबीन से देखें तो इसकी कलाएं भी दिखाई देंगी।

शुक्र-ग्रह

शुक्र सौर-मंडल का सबसे अधिक देदीप्यमान ग्रह है। अतः कोई आश्चर्य नहीं कि वैदिक-आर्यों को तारों के सापेक्ष गति-भिन्नता के कारण शुक्र के ग्रह होने का ज्ञान रहा है। वेद के कुछ अन्य वर्णनों से यह ज्ञात होता है कि वेन और शुक्र एकार्थ हैं। शुक्र का ग्रीक-रूप कुप्रीस था। ग्रीक लोगों के अनुसार शुक्र (वीनस) एक देवी है, इसलिए यह कुप्रीस हुआ। इसका लैटिन रूप सीप्रीस है। लैटिन भाषा में शुक्र का एक नाम वीन भी है। स्वर्गीय तिलक का यह मत है कि वीरस, सीप्रीस और कुप्रीस एक ही अर्थ के द्योतक हैं और इनका वेन और शुक्र से सादृश्य है। इससे यह सिद्ध होता है कि प्राचीन काल में जब यूनानी व भारतीय आर्य एक साथ रहते थे, उसी समय उन्हें शुक्र के ग्रह होने का ज्ञान हो चुका था।

शुक्र हमारी अपेक्षा सूर्य से अधिक निकट है—लगभग 6,70,00,000 मील। शुक्र पृथ्वी के 2,50,00,000 मील निकट आ सकता है। इस प्रकार सौर-मंडल में शुक्र-ग्रह हमारा निकटतम पड़ोसी है—चंद्रमा और कुछ धूमकेतुओं को छोड़कर। शुक्र का वर्षमान हमारे 225 दिन के बराबर है, अतः पृथ्वी पर 15 वर्ष का बालक शुक्र पर 24 वर्ष का तरुण बन जाएगा। यह ग्रह लगभग 22 मील प्रति सेकंड के हिसाब से सूर्य की परिक्रमा करता है; हमारी पृथ्वी की गति 18 मील प्रति सेकंड है।

सूर्य और चंद्र के बाद शुक्र आकाश की सबसे अधिक तेज़ दीखने वाली ज्योति है। एक कारण तो यह है कि यह हमसे काफी निकट है, दूसरे आकार में भी यह ग्रह हमारी पृथ्वी जैसा ही है। शुक्र का व्यास 7,700 मील है, और पृथ्वी का 7,926 मील। दोनों ग्रहों की पदार्थ-राशि और 'विपलायन-वेग' भी लगभग बराबर ही हैं।

शुक्र-परीक्षण—यद्यपि शुक्र नग्न आंखों से चमकीला दिखाई देता है, परंतु खगोल-वेत्ताओं के लिए इस ग्रह का परीक्षण एक समस्या है। दूरबीन से हमें यह ग्रह एक चमकीला सफेद गोला मात्र दिखाई देता है। जो हमें दिखाई देता है वास्तव में वह ग्रह नहीं है, ग्रह का केवल ऊपरी वायुमंडल है। शुक्र का वायुमंडल इतना घना

है कि इसके अंदर से ग्रह के पृष्ठ का दीखना असंभव है। यही कारण है कि शुक्र की पृष्ठभूमि की हमको बहुत ही कम जानकारी है।

शुक्र जब पृथ्वी से सबसे कम दूरी पर रहता है, दुर्भाग्य है कि तब भी हम इसे देख नहीं सकते। उस समय अंधकार-पक्ष पृथ्वी की ओर रहता है। शुक्र सबसे चमकीला तब दिखाई देता है जब कि यह कला-पक्ष में होता है। यह ग्रह जब सूर्य के पीछे चला जाता है तब 'पूर्ण-शुक्र' बन जाता है, परंतु ऐसे वक्त यह काफी छोटा और मंद दिखाई देता है।

शुक्र के संबंध में सबसे अद्भुत बात है इसकी कलाएं। चंद्र की तरह ही शुक्र की भी कलाएं होती हैं, इस बात का पता सर्वप्रथम सन् 1609 में गैलीलियो ने लगाया था। यह देखा गया है कि अर्धशुक्र के दोनों सींग कभी-कभी अधिक चमकीले दिखाई देते हैं। खगोलशास्त्री इधर कुछ वर्षों से इन चमकीले सींगों का विशेष अध्ययन कर रहे हैं। मंगल की ध्रुवटोपियां बर्फ़ की हैं, यह बात निश्चित है। परंतु शुक्र के बारे में यह बात हम निश्चित रूप से नहीं कह सकते। शुक्र के दिनमान का हमको पूर्ण रूप से ज्ञान नहीं है। इसकी अक्ष-रेखा का कोण भी अपेक्षाकृत कुछ अधिक हो सकता है। पृथ्वी की अक्ष-रेखा साढ़े तेईस अंश का कोण बनाती है, शुक्र का भी लगभग यही कोण होगा, ऐसा अनुमान है। सन् 1954 में अमरीका के कुइपर ने परीक्षणों से सिद्ध किया था कि शुक्र की विषुवत्‌रेखा सूर्य-परिक्रमा मार्ग से 32 अंश का कोण बनाती है। अमरीका के क्रेग का मत है कि शुक्र की ये सींग-टोपियां इस ग्रह के ध्रुव नहीं हो सकते। संभवत: ये सींग-टोपियां बर्फ़ से ढकी हुई हैं।

आरंभ में खगोलशास्त्रियों का यह विश्वास था कि शुक्र का धरातल ठोस है। इतालियन खगोलशास्त्री वियान्चीनी ने शुक्र के समुद्र, महाखंड आदि का एक नक्शा भी तैयार कर लिया था। परंतु आज हम निश्चित रूप से जानते हैं कि यहां समुद्र आदि कुछ नहीं हैं। शुक्र के ऊपरी वायुमंडल का तापमान शून्य के नीचे 38 डिग्री फारेनहाइट है। धरातल के तापमान के बारे में निश्चित रूप से कुछ भी नहीं कहा जा सकता।

सन् 1875 के आसपास शुक्र की सहायता से सूर्य की दूरी मापने की कोशिश की गई। बुध की तरह ही शुक्र भी कभी-कभी सूर्य पर से गुजरता है, परंतु ऐसी घटनाएं बहुत ही कम घटती हैं। शुक्र की यह संक्रांति जोड़े के रूप में होती है और लगभग सौ वर्ष के बाद घटित होती है।

शुक्र की इन संक्रांतियों के बारे में एक बहुत ही हृदयद्रावक कथा है। फ्रेंच खगोल-वेत्ता लिजेंटील सन् 1760 में भारतवर्ष के लिए रवाना हुआ, क्योंकि 1761 में यहां पर शुक्र-संक्रांति स्पष्ट रूप से देखी जा सकती थी। इस समय यूरोप में सप्त-वर्षीय युद्ध चल रहा था। अनेक कष्टों को सहकर लिजेंटील जब भारत पहुंचा,

संक्रांति का समय बीत गया था। इस महापुरुष ने अगली संक्रांति के लिए, जो कि आठ वर्ष के बाद सन् 1769 में घटित होने वाली थी, भारतवर्ष में ही रुक जाना उचित समझा। इससे अधिक क्या दुर्भाग्य हो सकता है कि ऐन वक्त पर आकाश मेघाच्छादित हो गया। अगली संक्रांति 105 वर्ष बाद 1874 में पड़ती थी। लिजेंटील ने पांडिचेरी में रहकर शुक्र की वेधयुति का परीक्षण किया और सन् 1772 में हिंदू-ज्योतिष पर एक लेख प्रकाशित किया था।

7 जुलाई, 1959 को शुक्र मघा नक्षत्र (रेगुलस) और पृथ्वी के बीच आया था। जिन खगोलविदों ने इस अद्भुत दृश्य को देखा है, उनका कहना है कि यह घटना बहुत ही अपूर्व थी। अमरीका की स्मिथनोनियन इंस्टीट्यूट की भौतिक-ज्योतिष प्रयोगशाला के डॉ. जे. आलेन हाइनेक ने इस संक्रांति का अध्ययन किया है। इस संक्रांति का अध्ययन करने के लिए, जिसका समय केवल 11 मिनट 4.4 सेकंड का था, डॉ. हाइनेक को मेड्रिड (स्पेन) आना पड़ा, क्योंकि अमरीका से यह स्पष्ट दिखाई नहीं देता। डॉ. हाइनेक का कहना था कि संक्रांति के आरंभ-काल में मघा तारा कुछ बड़ा दिखाई दिया, जैसा अस्त होता हुआ सूर्य। तदनंतर यह तारा उसी तरह शुक्र द्वारा ढक लिया गया जैसे ब्लाटिंग-पेपर स्याही की बूंद को सोख लेता है। जब यह बाहर निकलने लगा तो शुक्र के सींग के पास पीले बिंदु के रूप में दिखाई दिया। इस संक्रांति के समय, डॉ. हाइनेक का कथन है, शुक्र का चमकीला गोलार्द्ध उसके काले गोलार्द्ध से कुछ फूला हुआ दिखाई दिया। इस संक्रांति के 600 से भी अधिक चित्र लिए गए हैं और इनके अध्ययन से शुक्र की धुरी-गति पर एक नया प्रकाश पड़ता है। आने वाली कई शताब्दियों तक हम फिर इस प्रकार की घटना को नहीं देख सकेंगे। तब तक शायद मानव स्वयं शुक्र पर पहुंच जाए।

शुक्र का और एक दृश्य है, जिससे पहले के खगोलविद् चकित थे, शुक्र के अंधकार-पक्ष पर कभी-कभी दिखाई देने वाला धुंधला प्रकाश। कुछ इसी तरह का प्रकाश हमें चंद्रमा पर भी दिखाई देता है। परंतु इसका समाधानकारक उत्तर तो बहुत पहले लियोनार्डो विंची द्वारा दिया गया था कि चंद्रमा का यह प्रकाश पृथ्वी के चमकीले प्रकाश के कारण है। हम सभी जानते हैं कि पूर्णिमा का चंद्रमा कितना चमकीला होता है। लेकिन चंद्रमा पर जाकर इस वसुंधरा को तो ज़रा देखिए—कवि-कल्पना को चार चांद लग जाएंगे। लेकिन शुक्र का कोई चंद्रमा नहीं है। अतः इसके इस दृश्य के लिए और ही कोई कारण होना चाहिए। पृथ्वी पर जो ध्रुव-प्रकाश (ऑरोरा) दिखाई देता है उसका कारण है सूर्य-प्रकाश के विद्युत्-कण। कुछ इसी तरह की बात शुक्र पर भी हो सकती है।

वायुमंडल—आधुनिक खगोलविद् के हाथों में दूरबीन ही एकमात्र साधन नहीं है। उसके पास और एक महत्त्वपूर्ण यंत्र है जिसे रश्मिवर्ण-दर्शक-यंत्र (स्पेक्ट्रोस्कोप)

कहते हैं। इस यंत्र की सहायता से खगोलीय ज्योति के प्रकाश को विभिन्न वर्णों में विभाजित किया जाता है और तब इस वर्ण-पट के आधार पर इस ज्योति-पिंड के पदार्थों की जानकारी प्राप्त की जाती है। इसी प्रकार वैज्ञानिकों ने शुक्र के वायुमंडल के गैसों का अध्ययन किया है। परीक्षणों द्वारा यह ज्ञात हुआ है कि शुक्र के वायुमंडल में आक्सीजन और जल-कण नहीं हैं, केवल कार्बन डाइऑक्साइड मात्र है।

कार्बन डाइऑक्साइड यद्यपि विषैली नहीं है फिर भी इसमें श्वास लेना असंभव है और यह उष्णता को भी रोकती है। पृथ्वी के वायुमंडल में बहुत कम कार्बन डाइऑक्साइड है, कारण कि पेड़-पौधे आक्सीजन छोड़कर इस गैस को ग्रहण करते रहते हैं। शुक्र के वायुमंडल में कार्बन डाइऑक्साइड की अधिकता से हम यह अनुमान लगा सकते हैं कि इस ग्रह पर वनस्पति की कमी नहीं रही।

खगोलशास्त्री शुक्र के केवल वायुमंडल का ही अध्ययन कर पाए हैं और वह भी अपूर्ण। इस ग्रह का वायुमंडल काफी घना है। न तो हम शुक्र के बादलों के बारे में ही निश्चित रूप से कुछ जानते हैं और न बादलों के भीतर की परिस्थितियों को ही। एच. सिउस का मत है कि शुक्र के ये बादल सोडियम क्लोराइड और मैग्नीशियम क्लोराइड के बने हुए हैं। उनका कहना है कि ये बादल शुक्र के महासागरों का वाष्प-रूप में परिवर्तन होने के कारण बने हैं। प्रसिद्ध खगोल-वेत्ता फ्रेड होयले का मत है कि शुक्र के वायुमंडल में आक्सीजन भी हो सकती है, लेकिन रासायनिक सम्मिश्रण के रूप में। हम यह तो जानते ही हैं कि शुक्र के वायुमंडल में कार्बन डाइऑक्साइड की बहुलता है। कार्बन डाइऑक्साइड में एक अणु कार्बन का रहता है तो दो आक्सीजन के। पहले शुक्र पर पानी रहा होगा, लेकिन कालांतर में इसकी आक्सीजन हाइड्रोकार्बन पदार्थों ने सोख ली होगी। इस प्रकार शुक्र पर हाइड्रोकार्बन की बहुलता हो गई और पानी का अभाव।

शुक्र का धरातल सफ़ेद बादलों से ढका रहता है। होयले का मत है कि ये बादल तेल-कणों से बने हुए हैं–शुक्र पर चारों ओर धुंधलका छाया हुआ है। शुक्र का शुभ्र वर्ण शायद इसी कारण है।

सन् 1955 में जे. हाउटगास्ट ने शुक्र के चुंबकीय क्षेत्र (मैग्नेटिक फील्ड) का पता लगाया। इनका अनुमान है शुक्र का चुंबकीय क्षेत्र पृथ्वी से अधिक है।

ओहियो स्टेट विश्वविद्यालय के क्राऊस नामक वैज्ञानिक ने सन् 1956 में शुक्र से आती हुई 'रेडियो-तरंगों' का पता लगाया। ये तरंगें किसी भी ज्वलित पदार्थ से उठ सकती हैं। ये 'रेडियो तरंगें' रेडियो-दूरबीनों द्वारा ग्रहण की जाती हैं जो कि साधारण दूरबीन से सर्वथा भिन्न होती हैं। इन तरंगों के परीक्षणों से ज्ञात हुआ है कि शुक्र का धरातल-तापमान काफी अधिक है और यहां तूफानों का

प्राधान्य है। काऊस ने शुक्र की धुरी-परिक्रमा की एक दूसरी ही संख्या दी है–22 घंटे 17 मिनट।

कुछ वर्ष पूर्व वैज्ञानिकों का यह विश्वास था कि कुछ लाख वर्ष पूर्व शुक्र की स्थिति पृथ्वी के समान ही थी। उस समय शुक्र पर वनस्पति थी; संभवतः कुछ जीव-जंतु भी थे। लेकिन बाद में यह विचार त्याग देना पड़ा। आज शुक्र के धरातल संबंधी दो सिद्धांत अधिक मान्य हैं।

एक सिद्धांत के अनुसार शुक्र एकदम निर्जीव संसार है, मरुभूमि है, भीषण तूफानों का साम्राज्य है और संपूर्ण धरातल कार्बन डाइऑक्साइड से ढका हुआ है और तापमान 100 डिग्री सेंटीग्रेड से ऊपर है। बहुत से वैज्ञानिकों ने इस मत का समर्थन किया है, परंतु दो अमरीकन खगोलविद् व्हिपल और मेंजेल के मत में वायुमंडल का तापमान बहुत ही कम है–शून्य के नीचे 40 डिग्री फारेनहाइट। और शुक्र के बादल पानी के हैं–धरातल पर पानी-ही-पानी होना चाहिए।

शुक्र पर बुद्धिमान जीव की संभावनाएं एकदम नहीं हैं। निकट भविष्य में मानव जब इस ग्रह पर पहुंचेगा उसे शुक्र-निवासियों का कोई भय नहीं रहेगा। हमारा यह पड़ोसी ग्रह एक निर्जीव संसार है।

शुक्र-ग्रह केवल सांझ अथवा भोर के सितारों के रूप में ही दिखाई देता है। मध्य-रात्रि को यह कभी नहीं दिखाई देता। यह ग्रह इतना चमकदार है कि शीत ऋतु में इसके प्रकाश से छाया तक बनती है। कभी-कभी तो यह सूर्यास्त के पूर्व दिन में भी दिखाई देता है।

पृथ्वी

पृथ्वी, क्रम में, सौर-परिवार का तीसरा ग्रह है। हम स्वयं इस ग्रह के निवासी हैं, इसलिए शायद हम इसे अधिक महत्त्व दें, अन्यथा अन्य ग्रहों की तरह यह भी एक सामान्य ग्रह है।

प्राचीन मानव का क्षेत्र बहुत सीमित था; वह कुछ सीमित क्षेत्रों में बंटा हुआ था। पृथ्वी के गोल होने का वह कैसे अनुमान करता? उसके लिए तो पृथ्वी सपाट ही थी। आज भी ऐसे लोग मिलेंगे जो पृथ्वी के गोलत्व में यकायक विश्वास नहीं करेंगे।

लेकिन ईसा पूर्व छठी शताब्दी के यूनानी दार्शनिक पाइथेगोरस ने कहा था कि पृथ्वी गोल है। दूसरे एक यूनानी दार्शनिक हैराक्लिटस का कथन है कि पृथ्वी की धुरी-गति के कारण आकाशीय पिंड पृथ्वी की परिक्रमा करते दिखाई देते हैं। इराटोस्थनीज़ (ई. पू. 230) ने तो पृथ्वी की परिधि का भी पता लगा लिया था।

वेदों के कई सूक्तों से ज्ञात होता है कि वैदिक ऋषि ब्रह्मांड के पृथ्वी, अंतरिक्ष और द्यौ (आकाश), ये तीन विभाग मानते थे। उनके अनुसार मेघ, विद्युत् और वायु जिस प्रदेश में हैं वह पृथ्वी के निकट है और सूर्य, चंद्र तथा नक्षत्रों का आक्रमण-प्रदेश पृथ्वी से बहुत दूर है। स्वर्ग, मर्त्य (पृथ्वी) और पाताल का विभाजन वेदों में नहीं मिलता।

ऋग्वेद की एक ऋचा के अनुसार 'सूर्य ऋतुओं का नियमन करके क्रमशः पृथ्वी की पूर्वादि दिशाओं का निर्माण करता है।'

'ऐतरेय ब्राह्मण' में एक जगह आता है–'सूर्य न तो कभी अस्त होता है और न उगता है। यह जो अस्त होता है वह सचमुच दिन के अंत में जाकर अपने को उलटा घुमाता है। इधर रात करता है उधर दिन। यह सूर्य कभी अस्त नहीं होता।' इससे यह स्पष्ट होता है कि 'पृथ्वी गोल है, आकाश से अलग है और आकाश में निराधार स्थित है।'

आकार-प्रकार–पृथ्वी एकदम पूर्ण गोल नहीं है। वह अपनी धुरी पर घूम रही है, इसलिए बहिर्गत-शक्ति (सेंट्रिफ्यूगल फोर्स) के कारण इसकी विषुवत् रेखा पर

कुछ पदार्थ-राशि बाहर निकल आई है, अतः पृथ्वी का आकार कुछ नारंगी की तरह हो गया है। इसके ध्रुव-व्यास और विषु-व्यास में 27 मील तक अंतर है। विषुव-वृत्तीय-व्यास 7,927 मील है और ध्रुवीय-व्यास 7,900 मील। बृहस्पति और शनि के ध्रुव-व्यास और विषु-व्यास में भी अंतर है।

इस प्रकार पृथ्वी सौर-मंडल का एक सामान्य ग्रह है—बुध और मंगल से बड़ा, शुक्र से लगभग बराबर और बाहर के ग्रहों की तुलना में काफी छोटा। सूर्य से पृथ्वी की औसत दूरी 9,30,00,000 मील है और सूर्य-परिभ्रमण-गति लगभग साढ़े अट्ठारह मील प्रति सेकंड है। जब पृथ्वी सूर्य से सबसे कम दूरी पर रहती है, तब यह गति कुछ तेज हो जाती है। पृथ्वी पर हमारे विभिन्न यानों की गति को देखकर ही हम चकित रह जाते हैं, परंतु हम पृथ्वी के साथ प्रति घंटे $18\frac{1}{2} \times 3600$ मील की गति से सूर्य का चक्कर लगा रहे हैं, इसका हमें आभास ही नहीं होता। विषुव-वृत्तीय प्रदेशों में पृथ्वी के अक्ष-भ्रमण का वेग सबसे अधिक है, ध्रुव-बिंदुओं तक पहुंचते-पहुंचते, वह कम होते-होते शून्य हो जाता है। पृथ्वी की धुरी सौर-मंडल के समतल से $23\frac{1}{2}$ अंश का कोण बनाती है और यही कारण है कि उत्तर-गोलार्द्ध और दक्षिण-गोलार्द्ध की ऋतु व जलवायु में असमानता रहती है।

पृथ्वी की और भी एक गति है, जिससे सामान्य लोग परिचित नहीं हैं। लट्टू को घूमते हुए तो सभी ने देखा होगा। ग़ौर से देखने पर ज्ञात हो जाएगा कि इसमें दो गतियां होती हैं। एक तो यह अपनी धुरी पर चक्कर लगाता है, दूसरे इसकी धुरी भी वृत्ताकार-मार्ग में चक्कर लगाती है। ठीक यही स्थिति हमारी पृथ्वी की है। यह अपनी धुरी पर 24 घंटे में एक चक्कर तो लगाती

पृथ्वी और लट्टू का अक्ष-भ्रमण

ही है, इसकी धुरी भी 25,800 वर्षों में एक चक्कर पूर्ण करती है। इस बात को दूसरी तरह से समझने के लिए स्मरण रखना चाहिए कि वह गणितीय-बिंदु, जिसके परित: आकाश के सब नक्षत्र चक्कर लगाते हैं, ध्रुव कहलाता है, और अयन के कारण यह बिंदु तारों के बीच धीरे-धीरे चलता रहता है। जब यह बिंदु किसी चमकीले तारे के पास रहता है तो उस तारे को ध्रुव कहते हैं। इससे पता चलता है कि ध्रुव कोई एक निश्चित तारा नहीं है। 2780 ई. पू. में ध्रुवतारा प्रथम-कालिय रहा होगा। वर्तमान ध्रुव-तारा 'स्थिर' नहीं है। यह भी गणितीय-ध्रुव की एक अंश की दूरी पर परिक्रमा करता है।

पृथ्वी का भार लगभग 6,57,00,00,00,00,00,00,00,00,000 टन है। इतने भार वाली यह धरती 1000 मील प्रति घंटे की चाल से (विषुव-वृत्तीय-प्रदेशों में) अपनी धुरी पर घूमती है और प्रति घंटा 66,600 मील की गति से सूर्य की परिक्रमा करती है। इतना ही नहीं, यह पृथ्वी 7,40,00,00,00,00,00,00,00,000 टन भार वाले चंद्रमा को अपने चारों ओर घुमाती रहती है। इन सब गतियों का कारण है–गुरुत्वाकर्षण शक्ति।

युगों से हम पृथ्वी पर रहते आए हैं, फिर भी इसके धरातल और गहराई की हमको पूर्ण जानकारी नहीं है। हमारे पैर के नीचे क्या है, इसके बारे में हम निश्चित रूप से कुछ भी नहीं बता सकते। कुछ मीलों तक ही हम गहराई में जा सकते हैं। संसार का सबसे गहरा तेल-कुआं केलिफोर्निया में है–21,000 फीट। इसके नीचे क्या है इसका हम मात्र अनुमान ही लगा सकते हैं। पृथ्वी का केंद्र किस प्रकार का है, इसकी भी हमको अभी तक पूर्ण जानकारी नहीं है।

यह ज्ञात हुआ है कि जैसे-जैसे आप धरातल से भीतर की ओर जाते हैं, प्रति 50 फीट एक डिग्री फारेनहाइट तापमान बढ़ जाता है। पृथ्वी के विभिन्न भागों के अनुसार इस क्रम में थोड़ा-बहुत अंतर अवश्य पड़ता था। यदि यही क्रम बना रहता है तो पृथ्वी के केंद्र में तापमान 4,00,000 फारेनहाइट तक पहुंच जाएगा–जो असंभव-सा प्रतीत होता है। अत: यह भी निश्चित है कि पृथ्वी की अधिक गहराई में तापमान इसी क्रम से नहीं बढ़ सकता। पृथ्वी के केंद्र का तापमान कुछ हज़ार डिग्री से अधिक नहीं होना चाहिए।*

पृथ्वी के गोले का अर्द्धव्यास लगभग 6,350 किलोमीटर है किलोमीटर = 0.6214 मील)। पृथ्वी के केंद्र में इसकी 'गुठली' और सूर्य-उसके ऊपर परतें। गुठली का अर्द्धव्यास 3,450 किलोमीटर है और इसके ऊपर विभिन्न परतें हैं जो धरातल तक पहुंचती हैं।

---

* हाल ही में फ्रेंच वैज्ञानिकों ने पृथ्वी के केंद्र का तापमान 10,800 डिग्री फारेनहाइट (6,000 डिग्री सेल्सियस) निर्धारित किया है।

पृथ्वी की गुठली का घनत्व पानी से 13 गुना है; ऊपर की परतों का घनत्व कम होता जाता है। पृथ्वी के भीतर, 25 मील पर, दबाव प्रति वर्गफीट 10,000 टन है–इससे पृथ्वी के केंद्र से भयंकर दबाव की आप कल्पना कर सकते हैं। लेकिन यही हमारे ग्रह–पृथ्वी की विशेषता है। पृथ्वी का औसत घनत्व साढ़े पांच है (पानी के सापेक्ष)। शुक्र का घनत्व लगभग पृथ्वी के बराबर ही है–5। परंतु अन्य ग्रहों का घनत्व काफी कम है–शनि का तो पानी से भी कम।

भूकंप-तरंग और ज्वालामुखी-लावाओं के अध्ययन से पता चलता है कि पृथ्वी की गुठली गिलट (निकेल) और लौह-पदार्थों से बनी हुई है और इस गुठली का व्यास लगभग 4,000 मील है। पृथ्वी का धरातल–बाहरी परत–जिस पर हम चलते-फिरते हैं, वास्तव में बहुत ही पतला है–40 मील से भी कम।

पृथ्वी–एक विशाल चुंबक–हमारी पृथ्वी एक बहुत बड़े चुंबक की तरह है और अन्य चुंबकों की तरह ही इसका अपना एक चुंबकीय क्षेत्र भी है। कुतुबनुमा (कम्पास) सभी ने देखा होगा–इसकी सुई चुंबकीय ध्रुव दिखाती है, यद्यपि हम ठीक-ठीक नहीं जानते कि यह चुंबकीय ध्रुव वास्तव में क्या है। पृथ्वी का चुंबकत्व उसके केंद्र से संबंधित है। लोहा, जो कि पृथ्वी के केंद्र की मुख्य धातु है, इस चुंबकत्व का कारण है। चुंबकीय ध्रुव की अस्थिरता और चुंबकीय शक्ति के अधिक-कम होने का कारण शायद पृथ्वी की यह लौह-गुठली ही है।

पृथ्वी की तरह अन्य ग्रहों के भी चुंबकीय ध्रुव हो सकते हैं, इसकी हमें अभी तक पूर्ण जानकारी नहीं है। कुछ वैज्ञानिकों का अनुमान है कि शुक्र का चुंबकीय क्षेत्र पृथ्वी से अधिक है। बुध और चंद्र की कोई 'गुठली' नहीं हो सकती, अतः कोई चुंबकीय क्षेत्र भी नहीं हो सकता।

पृथ्वी का धरातल–पृथ्वी का क्षेत्रफल 19,70,00,000 वर्गमील है। भू-भाग का क्षेत्रफल 5,20,00,000 वर्गमील है और जल-भाग का 14,50,00,000 वर्गमील। सौर-मंडल के अन्य ग्रहों की तुलना में पृथ्वी के सागर-महासागर कुछ अद्‌भुत से हैं। शुक्र और मंगल ही सौर-मंडल के ऐसे ग्रह हैं जहां पर जल होने की कुछ संभावना है।

पृथ्वी का वायुमंडल–पृथ्वी का 'विपलायन-वेग' 7 मील प्रति सेकंड है। वायु अणु-समहों (मॉलिक्यूल्स) से बनी होती है। वायु के ये कण यदि विपलायन-गति से अधिक तेज़ चलते हैं तो ये पृथ्वी की आकर्षण-शक्ति को तोड़कर अंतरिक्ष में बाहर चले जाएंगे। बुध और चंद्रमा पर ठीक यही हुआ है–इनका विपलायन-वेग बहुत ही कम है।

वायुमंडल की गैसों में आक्सीजन 21 प्रतिशत है और नाइट्रोजन 78 प्रतिशत। शेष एक प्रतिशत में आर्गोन, कार्बन डाइऑक्साइड, हाइड्रोजन, जल-कण और कुछ

अन्य गैसों का समावेश होता है। हाइड्रोजन विश्व में सबसे अधिक मात्रा में पाई जाती है। तब फिर हमारी पृथ्वी के हाइड्रोजन का क्या हुआ ? कुछ तो पानी के साथ मिल गया (पानी में हाइड्रोजन के दो अणु होते हैं और आक्सीजन का एक) और कुछ पृथ्वी के अन्य पदार्थों के साथ।

अपने आरंभिक दिनों में पृथ्वी अधिक गरम रही होगी। अधिक तापमान का मतलब है अणु-कणों की अधिक गति। अतः युवावस्था की गरमी में पृथ्वी ने न केवल हाइड्रोजन परंतु अन्य गैसें भी खो दी हैं। वर्तमान वायुमंडल तो अधिकांशतः ज्वालामुखी से निकली गैसों से बना हुआ है।

पृथ्वी का वायुमंडल सौर-जगत् में एक खास बात है। अन्य ग्रहों पर खुली आक्सीजन नहीं मिलती। आक्सीजन पर ही प्राणियों का जीवन निर्भर करता है। आक्सीजन के साथ नाइट्रोजन का भी हम उपयोग करते हैं, परंतु स्वतंत्र रूप से नाइट्रोजन से कोई फायदा नहीं। पृथ्वी पर हमारा जीवन वनस्पति के कारण ही संभव है। वनस्पति 'कार्बन-वृत्त' का आवश्यक अंग है। वनस्पति 'फोटोसिंथेसिस' प्रक्रिया द्वारा वायुमंडल से कार्बन डाइऑक्साइड ग्रहण करती है और आक्सीजन छोड़ देती है। इसी तरह ऑक्सीज़न और कार्बन डाइऑक्साइड का संतुलन बना रहता है।

पृथ्वी-चंद्र की दूरी (2,38,000 मील) को यदि हम पैमाने के अनुसार एक मील मान लें तो पृथ्वी का संपूर्ण वायुमंडल केवल एक फीट के बराबर होगा। पहाड़ पर यात्रा करने वाले जानते हैं कि ऊपर जाकर सांस लेने में कितनी कठिनाई होती है। धरातल से 15 मील ऊंचाई तक की परत को 'ट्रोपोस्फियर' कहते हैं और बादलों की भी यही सीमा है। इसके ऊपर 'स्ट्राटोस्फियर' होता है, 30 मील की ऊंचाई तक। इसके ऊपर फिर 'आइनोस्फियर' होता है।

समुद्र के धरातल पर हवा का दबाव 14.7 पौंड प्रति वर्गइंच होता है। इस दृष्टि से देखा जाए, तो हर मनुष्य के ऊपर 14 टन (लगभग 400 मन) हवा का भार हमेशा रहता है। एवरेस्ट की ऊंचाई पर यह दबाव समुद्र-दबाव का केवल चौथाई रह जाता है। जैसे-जैसे ऊपर जाएंगे दबाव घटता जाएगा। 11 मील की ऊंचाई पर यह दबाव केवल 0.1 रह जाएगा। 75 मील की ऊंचाई पर 0.0000001 रह जाएगा। इसी प्रकार यह घटता जाता है।

जिस वायु में हम सांस लेते हैं उसका घनत्व पानी के घनत्व का 0.0013 हिस्सा मात्र है (पानी का घनत्व 1 मानने की परंपरा है)। 75 मील की ऊंचाई पर हवा का घनत्व धरातल के घनत्व का केवल 2×10^{7} हिस्सा रह जाता है। इसके ऊपर घनत्व इतना कम होता जाता है कि प्रति घन सेंटीमीटर अणु-कणों में ही लगभग 3×10^{19} वायु के अणु-कण होते हैं, 75 मील की ऊंचाई पर लगभग 1.4×10^{12} और 200 मील की ऊंचाई पर 1.7×10^{8}। इसी तरह यह संख्या कम होती जाती है। पृथ्वी के

वायुमंडल की आखिरी सीमा-परत को एक्सोस्फियर कहते हैं। यह परत 300 से 500 मील की ऊंचाई पर है। पृथ्वी के संपूर्ण वायुमंडल के बाहर कुछ भी नहीं है, यह कहना गलत होगा। पृथ्वी और चंद्र के मध्य-प्रदेश में भी प्रति घन सेंटीमीटर में 1000 अणु-कण मिल ही जाएंगे। इतना ही नहीं, अंत:नक्षत्रीय दिक् में भी कम-से-कम प्रति घन सेंटीमीटर में 10 अणु मिल जाएंगे।

वायुमंडल का तापमान कुछ अजीब तरह से बदलता है। धरातल के ऊपर ट्रोपोस्फियर की सीमा (लगभग 15 मील) तक तो यह घटता जाता है। इसके ऊपर 30 मील तक फिर तापमान बढ़ता जाता है। इस बीच तापमान 'पूर्णशून्य' (एब्सोल्यूट ज़ीरो) के ऊपर 280 डिग्री तक पहुंचता है। (शून्य डिग्री सेंटीग्रेड पर पानी जम जाता है। शून्य के नीचे 273.16 डिग्री सेंटीग्रेड तापमान को 'पूर्णशून्य' तापमान कहते हैं। यह केवल एक सैद्धांतिक मान्यता है। वास्तव में पूर्णशून्य तक पहुंचना असंभव है। 'पूर्णशून्य' तापमान पर पदार्थ का 'अस्तित्व' ही समाप्त हो जाएगा। 30 मील के ऊपर फिर तापमान कम होता जाता है—200 डिग्री पूर्णशून्य पर उतर आता है और यह क्रम 50 मील तक चलता रहता है। इसके बाद फिर तापमान बढ़ता है और 1,000 डिग्री पूर्णशून्य (777 डिग्री सेंटीग्रेड) पर पहुंच जाता है।

60-70 मील की ऊंचाई तक वायुमंडल का गैसीय-सम्मिश्रण लगभग धरातल जैसा ही रहता है। परंतु इसके ऊपर आक्सीजन में कुछ बदल जाता है। धरातल पर जिस आक्सीजन को हम सांस के साथ अंदर लेते हैं, वह अणु-समूहों के रूप में होती है, परंतु 70 मील से ऊपर आक्सीजन केवल अणु (एटम्स) रूप में रह जाती है।

वायुमंडल पर बाहरी प्रभाव—पृथ्वी के वायुमंडल पर कई प्रकार का प्रभाव है। इसमें सबसे अधिक हमारे सूर्य का है। पृथ्वी का वायुमंडल सूर्य के भीषण ताप और प्रकाश को रोकने के लिए कंबल का काम देता है। पृथ्वी के वायुमंडल में बीस-पच्चीस मील के ऊपर ओज़ोन पाया जाता है, जो आक्सीजन का ही दूसरा रूप है। फर्क इतना ही है कि उसमें आक्सीजन तीन अणु-समूह में रहते हैं। वायुमंडल की आक्सीजन पर बिजली का प्रभाव होने से यह वायु पैदा होती है। बिजलीघरों की बड़ी-बड़ी मशीनों के आस-पास भी यह वायु पाई जाती है। यद्यपि वायुमंडल में इसकी मात्रा बहुत ही कम होती है—एक करोड़ आक्सीजन अणुओं में ओज़ोन का केवल एक अणु—फिर भी यह सूर्य-प्रकाश की 'अल्ट्रा-वायलेट' किरणों को रोकने के लिए पर्याप्त है। अन्यथा इन किरणों से पृथ्वी पर का वनस्पति-जीवन समाप्त हो जाता है।

सूर्य-प्रकाश की अल्ट्रा-वायलेट और एक्स-किरणें 60 मील की ऊंचाई पर सोख ली जाती हैं। वायु के कण इन किरणों को सोखकर आयोन को जन्म देते हैं,

अत: इस क्षेत्र का नाम 'आइनोस्फियर' पड़ा। आकाशवाणी-केंद्रों से भेजी गई ध्वनि-विद्युत्-तरंगें इसी क्षेत्र में जाकर पुन: पृथ्वी पर लौट आती हैं, जिन्हें आप अपने रेडियो पर सुनते हैं।

जिस तरह सूर्य-चंद्र के आकर्षण के कारण समुद्र पर प्रचंड लहरें उठती हैं, उसी प्रकार सूर्य-चंद्र की आकर्षण-शक्ति के कारण वायुमंडल में भी तूफान उठते हैं। परंतु जहां समुद्र के तूफानों में चंद्रमा का अधिक हाथ है, वहां वायुमंडल के तूफानों में सूर्य का आइनोस्फियर की ऊंचाई पर हवा का वेग 50 मील प्रति घंटा है। इन तूफानों का पृथ्वी की चुंबकीय-धाराओं पर बहुत प्रभाव पड़ता है।

सूर्य एक परिवर्तनशील ज्योति-पिंड है। प्रति 11 वर्ष बाद इसके धब्बों का वृत्त पूर्ण होता है। इस परिवर्तन का पृथ्वी पर भी प्रभाव पड़ता है। पृथ्वी के चुंबकीय क्षेत्र में बड़े-बड़े तूफान आते हैं। ऐसे वक्त आइनोस्फियर में कुछ अस्थिरता आती है और इसी कारण ऐसे वक्त हमारे रेडियो-यंत्रों में खराबी आ जाती है।

ब्रह्मांडीय किरणें–ब्रह्मांडीय किरणें अति शक्तिशाली प्रोटोंस व अन्य अणु-नाभिकों से बनी होती हैं। ये अंत:नक्षत्रीय दिक् से पृथ्वी पर पहुंचती हैं। वायुमंडल में 10 मील के ऊपर ये किरणें वायु-कणों से रगड़ खाकर कुछ कम शक्तिशाली बन जाती हैं और दूसरे रूप में बदल जाती हैं। आज के भौतिक-शास्त्र के शोध विशेषत: इन्हीं किरणों पर हो रहे हैं। प्रसिद्ध भारतीय वैज्ञानिक डॉ. भाभा ने अपने कई शोध इन्हीं किरणों पर किए हैं।

तैरते महाखंड–सन् 1823 में अंग्रेज़ भूगोल-वेत्ता एडवर्ड सबाइन ने ग्रीनलैंड के पूर्व में एक छोटे-से द्वीप का पता लगाया और इसकी भौगोलिक स्थिति निर्धारित की। सन् 1869 में भूगोलविदों ने पुन: इस द्वीप की स्थिति निर्धारित की; इस समय यह द्वीप 420 मीटर (एक मीटर=39.37 इंच) पश्चिम की तरफ चला आया था। इसके 40 वर्ष बाद डेनमार्क की सरकार ने ग्रीनलैंड के समुद्र-तट का अध्ययन करने के लिए एक पार्टी भेजी। इस पार्टी के साथ अल्फ्रेड वेगेनेर नामक एक तरुण भी था। वेगेनेर ने देखा कि यह द्वीप 1869 की स्थिति से एक किलोमीटर (=0.6214 मील) और पश्चिम की तरफ सरक आया है। भूगोलशास्त्री स्थिति-निर्धारण में इतनी ग़लती तो नहीं कर सकते! अवश्य कोई अन्य कारण होना चाहिए। आर्कटिक महासागर के द्वीपों का अध्ययन करने के उपरांत वेगेनेर इस निर्णय पर पहुंचा कि आर्कटिक प्रदेश के सभी द्वीप भिन्न-भिन्न गति से पश्चिम की ओर सरकते जा रहे हैं। ग्रीनलैंड प्रतिवर्ष 12 फीट के हिसाब से पश्चिम की ओर सरकता जा रहा है। अमेरिका भी पश्चिम की ओर सरकता जा रहा है।

वेगेनेर के 'तैरते महाखंड-सिद्धांत' के कई परिणाम निकले हैं उनका विस्तृत अध्ययन करना यहां संभव नहीं है। संक्षेप में, इस सिद्धांत के अनुसार लौरेशिया

(उ. अमरीका, ग्रीनलैंड, यूरोप व उ. एशिया) और गोंडावना (दक्षिण अमेरिका, अफ्रीका, भारत, आस्ट्रेलिया, पोलीनेशिया व अंटार्कटिक क्षेत्र) भू-खंड स्वतंत्र रूप से दोनों विषुव-वृत्त की तरफ खिंचते हैं, जहां वे एक-दूसरे से टकराते हैं और फिर पीछे सरकते हैं। गुज़रे 50,00,00,000 वर्षों में ये दो भू-खंड पांच बार टक्कर खा चुके हैं।

वर्तमान परिस्थिति संक्षेप में इस प्रकार है–लौरेशिया और गोंडावना, दोनों भू-खंडों के टुकड़े हो रहे हैं। गोंडावना पहले टूटने लगा और इसके भू-भाग–अफ्रीका, भारत, आस्ट्रेलिया पोलीनेशिया व अंटार्कटिक–एक-दूसरे से अलग हो गए। भारत-खंड पूर्व की ओर सरक रहा है। जैसे-जैसे यह खंड पूर्व की ओर आगे बढ़ता है, इसके सामने का भाग जमा होकर पर्वत-रूप में बढ़ता जाता है। भारत-खंड का बहुत-सा पूर्वोत्तर भाग तिब्बत के भीतर घुस गया है। अतः तिब्बत ऊंचा उठकर गोंडावना का सबसे ऊंचा पठार बन गया है। यही कारण है कि उत्तरी भारत-खंड की सीमा पर भूकंपों की अधिकता है।

अफ्रीका अपने समुद्र-तटों के भागों को अलग फेंक रहा है। कई समुद्रतट टूटकर अलग हो गए हैं और इस समय भी क्रिया चालू है। स्पेन, जो कि एक समय अफ्रीका का (अर्थात् गोंडावना-भूखंड का) भाग था, अब यूरोप के साथ मिलकर लौरेशिया का भाग बन गया है। इसी प्रकार अरब प्रायद्वीप अफ्रीका से अलग होकर लौरेशिया में मिल गया है।

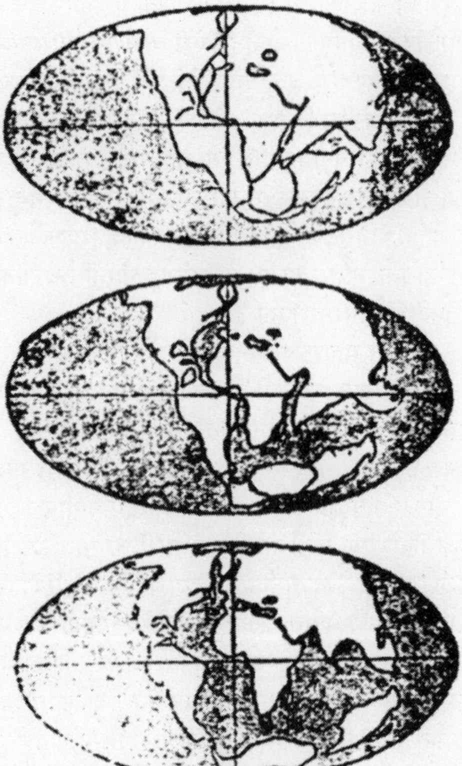

बेगेनेर-सिद्धांत के अनुसार भूखंडों की स्थिति ऊपर 25,00,00,000 वर्ष पूर्व : मध्य में 5,00,00,000 वर्ष पूर्व : नीचे 1,50,00,000 वर्ष पूर्व

पृथ्वी के बारे में हम जितना भी कुछ जानते हैं, उसका यही आशय है कि इस ग्रह में दूसरे सौर-मंडलीय ग्रहों से कोई खास बात नहीं है। यह सच है कि इसका घनत्व अधिक है, इसका वायुमंडल विशेष है और इस पर जल की अधिकता है, परंतु शुक्र का भी तो वायुमंडल विचित्र है और मंगल पर भी कुछ जल होने की संभावना है। हां, इस पर जीव-जगत् है, इस कारण भले ही यह सौर-मंडल में विशेष हो। इस बात का हमारे पास कोई प्रमाण नहीं कि दूसरे ग्रहों पर भी जीव-जगत् है; मंगल पर वनस्पति होने की संभावना अवश्य है।

चंद्रमा

॥ सूर्यरश्मिश्चंद्रमा गंधर्व ॥

–तैत्तिरीय संहिता

"वास्तविकता कल्पना से अधिक कौतुकपूर्ण होती है।" आज चंद्रमा के बारे में यह कहावत सत्य होने जा रही है। नकली चंद्रमा (स्पुतनिक) को असली चंद्रमा तक पहुंच जाने के बाद अब विश्वास हो गया है कि वह दिन बहुत दूर नहीं जब चंद्रमा मनुष्य-लोक का एक उपनिवेश-मात्र रह जाएगा।

आदि-मानव ने असंख्य सितारों के बीच जब इस चमकते गोले को देखा होगा, कितना आश्चर्य हुआ होगा उसे! यह कोई आश्चर्य की बात नहीं कि संसार की लगभग सभी आदि-सभ्यताएं, सूर्य की तरह ही, चंद्र को भी देवता मानकर उसकी पूजा-अर्चना करती आई हैं।

चंद्र-कलंकों–चंद्रमा के काले धब्बों–को देखकर प्राचीन काल से लोगों ने इनके बारे में अनेकानेक कल्पनाएं की हैं। 'मंत्र-ब्राह्मण' में उल्लेख है कि चंद्रमा का काला हिस्सा पृथ्वी का हृदय है। कालिदास ने 'कुमार-संभव' में लिखा है कि बहुगुण चंद्रमा में उसका एक दोष–कलंक–छिप जाता है। एक पौराणिक कथा के अनुसार–एक बार गौतम ऋषि अपना कौपीन धो रहे थे जिससे कुछ छींटे उड़कर चंद्रमा में पहुंचे और उन्होंने कलंक का रूप धारण किया। ज्योतिष में कलंक को चंद्रमा का वाहन हिरन बताया गया है। लोक-कथाओं में कलंक संबंधी 'बुढ़िया चरखा कात रही है' आदि मनोरंजक बातें भी सुनने को मिलती हैं। दाग़ को देखकर चंद्र को कभी कुष्ठ-रोगी भी कहा जाता है।

यूनान में ज्योतिष का अध्ययन थालेस (611 ई. पू.) के समय से आरंभ होता है। किंतु लगभग दो सौ वर्ष तक यूनानी 'दार्शनिकों' के चंद्रमा के बारे में अजीब-अजीब विचार रहे हैं। थालेस का समकालीन अनाक्सिमिदेर कहता है–चंद्रमा एक वृत्त है जो कि पृथ्वी के वृत्त से 18 गुना अधिक है। डेमोक्रिटस (लगभग 450 ई. पू.)

ने चंद्र का वर्णन कुछ ठीक किया है–चंद्र पर ऊंचे-ऊचे पर्वत हैं, घाटियां हैं, चंद्रमा का धरातल ऊबड़-खाबड़ है, आदि। अरिस्टार्कस (ईसा-पूर्व तीसरी शताब्दी) को तो पृथ्वी-चंद्र दूरी का भी कुछ ज्ञान था।

दूरबीन के आविष्कार से चंद्र के अध्ययन में कल्पनातीत प्रगति हुई। सन् 1609 की एक रात को गैलीलियो ने सर्वप्रथम दूरबीन से चंद्रमा को देखा। गैलीलियो ने देखा कि चंद्र के धरातल और पृथ्वी के धरातल में बहुत अंतर है।

चंद्रमा की उत्पत्ति–चंद्रमा की उत्पत्ति के बारे में अभी तक कोई स्थायी सिद्धांत नहीं है। पिछली शताब्दी के अंतिम चरण में अंग्रेज़ गणितज्ञ जी.एच. डार्विन (विकासवाद के प्रतिपादक चार्ल्स डार्विन के पुत्र) ने एक सिद्धांत प्रस्तुत किया था। इनके अनुसार आरंभ में चंद्रमा पृथ्वी का अंश था। अलग होने के पूर्व, पृथ्वी के ठंडी हो जाने के बाद उसके चारों ओर एक पतली परत जम गई। आरंभ में तेज़ धुरी-परिक्रमा के कारण पृथ्वी का आकार अंडाकार हो गया था और यह 'अस्थिर-संतुलन' की स्थिति में थी। इस पर दो शक्तियां काम कर रही थीं–सूर्य की और इसकी अपनी धुरी-परिक्रमा की। जब ये दोनों शक्तियां एक ही समय पर काम कर गईं तो पृथ्वी का आकार नाशपाती की तरह हो गया और बाद में इसके दो टुकड़े होकर अलग-अलग हो गए।

प्रसिद्ध अमरीकन खगोलशास्त्री पिकरिंग का कहना है कि यदि उपरोक्त मत सही है तो चंद्रमा के टूटने के क़ारण पृथ्वी पर बहुत बड़ा खड्डा हो जाना चाहिए था। उनके अनुसार वर्तमान पैसिफिक महासागर ही वह विशाल खड्डा है।

वाइस्साकेर के नूतन सिद्धांत के अनुसार, जिसे कि काफी मान्यता मिली है, पृथ्वी और चंद्रमा कभी भी एक नहीं थे। ग्रहों की उत्पत्ति सूर्य के अंत:नक्षत्रीय मेघ से टकराने के कारण हुई है। विशाल ग्रहों (बृहस्पति, शनि, यूरेनस और नेपच्यून) के अंदर के उपग्रहों की रचना तो इनके अपने वायुमंडल में ही हुई, किंतु सौर-जगत् के अन्य चंद्रमाओं की, हमारे चंद्र की भी, उत्पत्ति कुछ दूसरे पदार्थों के संघनन के कारण हुई है, जिन्हें इन ग्रहों ने बाद में आकर्षित कर लिया था।

आरंभ में चंद्रमा पृथ्वी से अधिक निकट था। 11,000 मील की दूरी पर, चंद्रमा पृथ्वी का एक चक्कर साढ़े छ: घंटों में लगाएगा और किसी समय पृथ्वी का 'दिन' भी इतने ही समय का रहा होगा। उस समय चंद्र की आकर्षण-शक्ति के कारण पृथ्वी पर प्रचंड तूफान उठते रहे होंगे। चंद्र पर भी ज़ोर के तूफान रहे होंगे, लेकिन धीरे-धीरे इनकी आपस की दूरी बढ़ती गई–आज पृथ्वी-चंद्र दूरी 2,38,800 मील है।

आज हमारा 'दिन' भी बढ़ता जा रहा है और पृथ्वी-चंद्र दूरी भी। ये दोनों बातें बहुत ही लघु मात्रा में हो रही हैं। हमारा दिनमान 1,00,000 वर्ष में एक सेकंड के

हिसाब से बढ़ रहा है। लेकिन एक ऐसा भी समय आएगा जबकि चंद्रमा पृथ्वी से 3,40,000 मील की दूरी पर चला जाएगा और तब 'दिन' और 'महीना' दोनों बराबर हो जाएंगे–वर्तमान 47 दिनों के बराबर। लेकिन यह परिस्थिति और 50,00,00,00,000 वर्ष तक नहीं आएगी।

चंद्रमा की गतियां–प्राचीन काल में लोगों का यह विश्वास था कि सूर्य, चंद्र और नक्षत्र पृथ्वी का चक्कर लगाते हैं। ईसा की तीसरी शताब्दी तक शायद कोई भी इस गलती को नहीं पकड़ पाया। सामोस (यूनान) का अरिस्टार्कस प्रथम व्यक्ति था जिसने कहा कि सूर्य स्थिर है और पृथ्वी, चंद्र व अन्य ग्रह उसका चक्कर लगाते हैं। 'ग्रीक स्कूल' का आखिरी महान ज्योतिष-शास्त्री टालमी पुनः 'पृथ्वी स्थिर है' विचार-परंपरा में गया और लगभग 1500 वर्ष तक इसके विचार लोगों को मूर्ख बनाए रहे। परंतु आज के वैज्ञानिकों ने पृथ्वी को अपनी वास्तविक दशा पर ला पटका है–पृथ्वी सौर-मंडल का एक सामान्य ग्रह है।

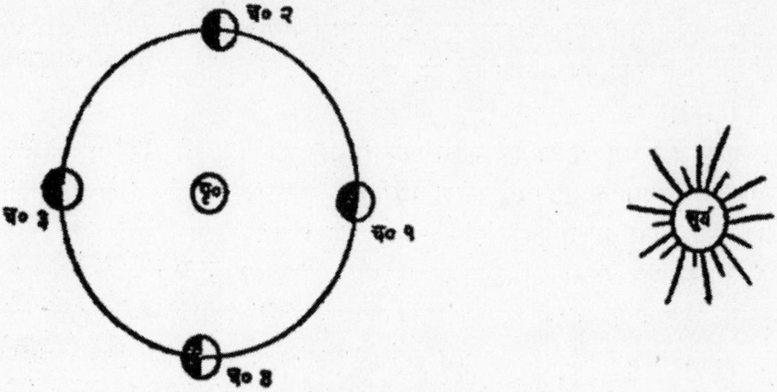

चंद्रमा की कलाएं

प्रथम, मान लीजिए कि चंद्रमा पृथ्वी की वृत्ताकार-मार्ग में ही परिक्रमा करता है–साढ़े उनतीस दिनों में एक परिक्रमा। सूर्य चंद्रमा का केवल एक ही गोलार्द्ध प्रकाशित करता है। चित्र में अप्रकाशित गोलार्द्ध को काला बना दिया है और प्रकाशित गोलार्द्ध को सफ़ेद छोड़ दिया है। पृ. पृथ्वी है, च. चंद्रमा है, और च. 1, च. 2, च. 3, च. 4 चंद्रमा की परिभ्रमण-मार्ग में चार स्थितियां। च. 1 के समय पृथ्वी, चंद्र और सूर्य लगभग एक सरल रेखा में हैं, और चंद्रमा का प्रकाशित गोलार्द्ध सूर्य की तरफ है और अप्रकाशित पृथ्वी की तरफ। सर्वसाधारण के लिए यह स्थिति 'अमावस्या' है, परंतु ज्योतिष-विदों के लिए यह अदृश्य चंद्रमा 'नूतन' चंद्रमा है।

जैसे-जैसे च. 1 से चंद्रमा च. 2 पर जाता है, चंद्र का काला-रूप बढ़ता जाता है। कभी-कभी तो अमावस्या का चंद्रमा भी दिखाई दे सकता है, इसलिए नहीं कि इस पर किसी प्रकार का सूर्य-प्रकाश पड़ता है, वरन् पृथ्वी के प्रकाश के कारण। चंद्रमा की चांदनी जितनी पृथ्वी पर पड़ती है, उससे कई गुना पृथ्वी का प्रकाश चंद्रमा पर पड़ता है। च. 2 से च. 3 पर पहुंचकर चंद्रमा 'पूर्णिमा' का बन जाता है। पुनः एक बार चंद्र, पृथ्वी और सूर्य एक सीधी रेखा में आ जाते हैं। च. 4 पर चंद्रमा पुनः अर्द्ध-चंद्र बन जाता है। साढ़े उनतीस दिनों बाद एक पूर्ण चक्कर लगाकर चंद्र फिर से च.1 पर आकर 'नूतन' बन जाता है।

लेकिन यदि आप आकाश में चंद्रमा को देखते रहें तो ज्ञात हो जाएगा कि तारों के सापेक्ष (ग्रहों के सापेक्ष नहीं) चंद्रमा आकाश में अपने पूर्व स्थान पर $27\frac{1}{3}$ दिन में लौटता है–अर्थात् एक पूर्ण-चंद्र और दूसरे पूर्ण-चंद्र के बीच $27\frac{1}{3}$ दिन का अंतर है। यह भेद क्यों?

नीचे के चित्र से यह भेद स्पष्ट हो जाएगा। स्मरण रखिए कि पृथ्वी भी सूर्य की परिक्रमा कर रही है। जब पृथ्वी पृ. 1 पर है और चंद्रमा च. 1 पर, चंद्रमा 'नूतन'–अमावस्या का–है। $27\frac{1}{3}$ दिन बाद चंद्रमा एक पूर्ण परिक्रमा करके पुनः च.1 पर पहुंच जाता है, परंतु इस बीच पृथ्वी पृ. 2 पर पहुंच जाती है और चंद्र को पृथ्वी-सूर्य-चंद्र रेखा में आने के लिए च. 2 तक दौड़ना पड़ता है। इस अतिरिक्त दौड़ के लिए चंद्रमा को लगभग दो दिन का समय लगता है।

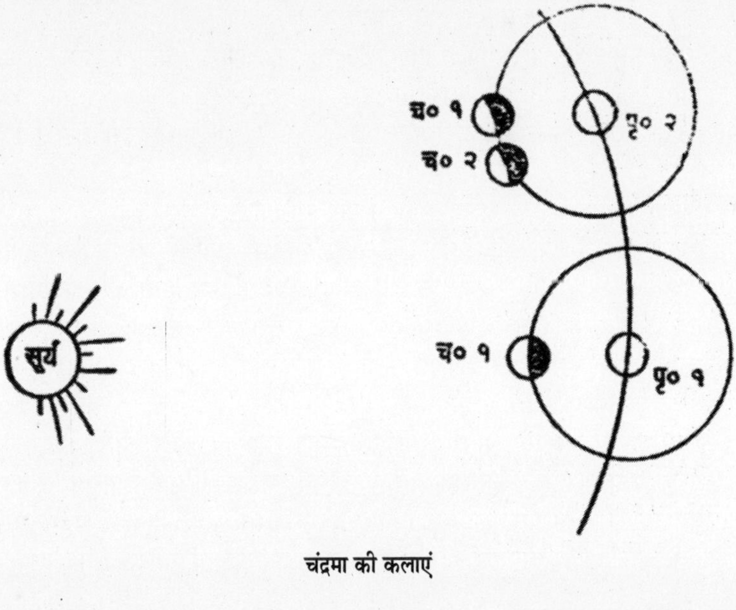

चंद्रमा की कलाएं

प्राचीन ज्योतिषियों को 'वृत्ताकार' से विशेष प्रेम था। उनको हर चीज़ वृत्ताकार दिखाई देती थी। टालमी और अफलातून महान भी इसी 'चक्कर' में फंसे हुए थे। अफलातून तो किसी हद तक सह्य है, लेकिन टालमी और अरस्तू ने लगभग डेढ़ हज़ार वर्ष तक यूरोप को अंधा बनाए रखा। इनके विरुद्ध आवाज़ उठाना मौत को निमंत्रण देना था। गैलीलियो को मात्र इसीलिए पीसा विश्वविद्यालय के अध्यापक-पद से हटा दिया गया था कि उसने अरस्तू के विचारों को ग़लत साबित कर दिया था।

यूरोप में निकोलस कोपर्निकस प्रथम व्यक्ति था जिसने अरिस्टार्कस के विचारों को पुनर्जीवन दिया। सन् 1564 ई. में प्रकाशित इनकी पुस्तक के साथ टालमी के साम्राज्य की समाप्ति हुई। यद्यपि कोपर्निकस ग्रहों के 'वृत्ताकार' मार्ग में ही विश्वास करता था, उसने जोहानेस केपलर के लिए रास्ता खोल दिया। केपलर ने कोपर्निकस के सिद्धांतों को परिष्कृत किया और ग्रह-गति के तीन नियमों का प्रतिपादन किया–

(1) ग्रह सूर्य के चारों ओर (वृत्ताकार नहीं) अंडाकार-मार्ग पर भ्रमण करते हैं और सूर्य ठीक बीच में न होकर इस दीर्घवृत्त के एक केंद्र (फोकस) पर स्थित है।

(2) ग्रहों की कक्षा का व्यासार्ध (रेडियस रेक्टर)–वह रेखा जो किसी ग्रह को सूर्य से मिलाती है–बराबर समय में बराबर क्षेत्रफल पार करती है।

(3) (सूर्य-ग्रह दूरी)^3 =(ग्रह का परिभ्रमण-काल)^2

चंद्र का पृथ्वी-परिभ्रमण मार्ग पूर्ण वृत्ताकार नहीं है; चंद्रमा हमसे कभी नज़दीक रहता है, कभी दूर। सबसे निकट होता है तब पृथ्वी-चंद्र दूरी 2,26,000 मील होती है और सबसे दूर होता है तब 2,52,000 मील। औसत दूरी 2,38,800 मील होगी।

पृथ्वी को ग्रह और चंद्र को उपग्रह न मानकर दोनों को एक पृथ्वी-चंद्र युग्म-ग्रह मानने में अधिक सुविधा है। अन्य शब्दों में–दोनों पिंड एक सहधर्मी गुरुत्वाकर्षण-केंद्र पर एक-दूसरे की परिक्रमा कर रहे हैं। पृथ्वी का भार चंद्रमा से 81 गुना अधिक है, अतः इन युग्म-पिंडों का गुरुत्वाकर्षण-केंद्र पृथ्वी की ओर अधिक है–वास्तव में यह केंद्र पृथ्वी में ही है, परंतु ठीक पृथ्वी-केंद्र में नहीं। इसी युग्म-गुरुत्वाकर्षण-केंद्र की दोनों पिंड परिक्रमा करते हैं।

उपरोक्त गति में और भी थोड़े सुधार की आवश्यकता है। चित्र में दर्शाया गया है–'पृथ्वी सूर्य की वृत्ताकार-मार्ग में परिक्रमा करती है; परंतु वास्तव में वह दीर्घवृत्ताकार-मार्ग में परिक्रमा करती है। चंद्रमा पर सूर्य का आकर्षण, चंद्रमा पर पृथ्वी के आकर्षण से दुगुने से अधिक है। सूर्य पर से यदि चंद्रमा को देखा जाए तो

ऐसा लगेगा कि चंद्रमा सूर्य के ठीक मार्ग में–दीर्घवृत्ताकार-मार्ग में–परिक्रमा कर रहा है, यद्यपि पृथ्वी और चंद्र दोनों अपनी युग्म-गुरुत्वाकर्षण-केंद्र की परिक्रमा कर रहे हैं। सूर्य का चंद्र पर प्रेम–आकर्षण–अधिक है, फिर भी चंद्रमा के पृथ्वी से अलग होकर एक ग्रह बन जाने का कोई भय नहीं, क्योंकि सूर्य का आकर्षण पृथ्वी और चंद्रमा पर समान रूप से है।

चंद्र-परीक्षण–गैलीलियो ने अपनी दूरबीन से सर्वप्रथम चंद्रमा को ही देखा था। यद्यपि इस प्रथम दूरबीन की विस्तार-शक्ति 30 गुना ही थी, फिर भी गैलीलियो को चंद्रमा के क्रेटर-गड्ढे और पर्वत-श्रेणियां स्पष्ट दिखाई दी होंगी। गैलीलियो ने इन पर्वत-श्रेणियों की ऊंचाई नापने का भी प्रयत्न किया था।

दूरबीन-यंत्र में जैसे-जैसे सुधार होते गए, चंद्र-परीक्षण अपने आप में एक विषय बन गया–सेलेनोग्राफी (ग्रीक भाषा का शब्द : सेलेन=चंद्रदेवी)। सन् 1779 ई. में लिलियन्थाल में एक वेधशाला का निर्माण करके चंद्रमा का कुछ गंभीर परीक्षण जर्मनी के प्रसिद्ध खगोलशास्त्री जोहान श्रोटेर ने शुरू किया।

श्रोटेर कोई व्यवसायी ज्योतिषी नहीं था, ज्योतिष तो उसका एक व्यसन था। वास्तव में वह लिलियन्थाल का न्यायाधीश था–साधन और सुविधा से संपन्न। उसने अपनी वेधशाला के लिए चार दूरबीनें एकत्र कीं–दो तो विलियम हर्सेल से और दो श्रेडर से। विलियम हर्सेल अपने समय के सबसे कुशल दूरबीन-निर्माता थे। लगातार 30 वर्ष तक श्रोटेर ने इन दूरबीनों की सहायता से चंद्र-परीक्षण किया और कई नक्शे तैयार किए। चंद्रमा की गहरी दरारों को खोज निकालने वाला वह प्रथम व्यक्ति था। कहा जाता है कि श्रोटेर, जो कि एक शांति-पसंद आदमी था, नेपोलियन-युद्धों का शिकार बन गया। सन् 1813 में, श्रोटेर इस समय 68 वर्ष का था, फ्रेंच सैनिकों ने उसकी वेधशाला को तहस-नहस कर डाला, पांडुलिपियों और नक्शों को जला डाला और यह समझकर कि वेध-यंत्र सोने के हैं, उन्हें तोड़-फोड़ डाला।

चंद्रमा का धरातल–चंद्रमा के धरातल संबंधी लगभग 700 ऐसी बातें हैं, जिनका विशेष महत्त्व है और इनका नामकरण भी हो गया है। छोटी-मोटी बातें मिलाकर तो यह संख्या 1,00,000 तक पहुंचती है।

चंद्र-समुद्र–चंद्रमा के काले दीखने वाले मैदान, जो 'समुद्र' के नाम से प्रसिद्ध हैं, नग्न आंखों से भी दिखाई दे सकते हैं। ये चंद्रमा का गोला काफी मात्रा में घेर लेते हैं–विशेषकर पूर्व-गोलार्द्ध। यही कारण है कि अमावस्या के पहले का अंतिम चरण का चंद्रमा, अमावस्या के बाद के प्रथम चरण के चंद्रमा से कुछ मंद दिखाई देता है। चंद्रमा पर नौ मुख्य समुद्र हैं।

वास्तव में चंद्र पर पानी नहीं है, ये तथाकथित 'समुद्र' सूखे मैदान हैं, जिनमें पानी की एक बूंद भी नहीं है। चंद्र-इतिहास में बहुत पहले, किसी समय ये मैदान

'लावा-समुद्र' रहे होंगे। संभवतः आज भी इनमें कुछ तरलता शेष है। बहुत से समुद्र तो वृत्ताकार हैं। 'मारे इम्ब्रियम' नामक मैदान में इंग्लैंड और फ्रांस दोनों देश समा सकते हैं। एक समुद्र ओसियानत प्रोसेलारूम तो और भी बड़ा है।

'चंद्र-पर्वत'–अधिकांश पर्वत-श्रेणियां दक्षिण-गोलार्द्ध में हैं। पर्वत-शिखर, क्रेटर, घाटियां और ढलुआ टीले, सब मिलकर, ऐसा लगता है, चंद्रमा पर एक इंच जगह भी खुली छोड़ने को तैयार नहीं हैं। आज, यद्यपि चंद्रमा पर अखंड शांति और स्थिरता है, परंतु एक समय ज्वालामुखियों का भीषण तांडव-नृत्य होता रहा होगा। यह नृत्य तो समाप्त हो गया, परंतु चंद्र पर कैलास पर्वत जैसे विशाल पर्वत बने रहे। चंद्रमा के कुछ पर्वत तो हमारे एवरेस्ट से भी ऊंचे हैं। सबसे ऊंचा पर्वत 'लिबनीज' 35,000 फीट ऊंचा है। 'मारे इम्ब्रियम' की दक्षिण-पूर्व दिशा में आपेनिनेस पर्वत-श्रेणी है। इसकी लंबाई 400 मील है और सबसे अधिक ऊंचाई 20,000 फीट है।

चोटियां–चंद्रमा पर बड़ी-बड़ी पर्वत-श्रेणियों के अलावा अलग-अलग पर्वत-चोटियां भी काफी मात्रा में हैं। 'पीको' नामक पर्वत-चोटी 8,000 फीट ऊंची है। पर्वतों की ऊंचाई मापने का सर्वप्रथम प्रयत्न गैलीलियो ने किया था, लेकिन उनके तरीके में बहुत-सी त्रुटियां थीं। आजकल पर्वतों की छाया को मापकर ऊंचाई का पता लगाया जाता है। यदि पर्वत की स्थिति ज्ञात है और इस स्थिति से सूर्य-किरणों द्वारा बनता हुआ कोण भी ज्ञात है, तो धरातल से पर्वत की ऊंचाई निकाली जा सकती है।

चंद्रमा के गड्ढे–'क्रेटर' ये गड्ढे चंद्रमा पर आपको हर जगह मिलेंगे–सपाट मैदान में, ऊंचे-ऊंचे पर्वतों पर, पर्वतों की चोटियों पर। वास्तव में 'क्रेटर' के बजाय इन्हें 'भित्तिदार गड्ढे' कहना अधिक उचित होगा। मकान बनाने के लिए जब चूना तैयार किया जाता है तो पानी डालने पर वह उबलता है, परंतु जब बाद में शांत हो जाता है तब इसमें छोटे-छोटे गड्ढे बन जाते हैं, ठीक चंद्रमा के गड्ढों की तरह।

'क्रेटर' की ऊंचाई से मतलब है–क्रेटर-तल से दीवार के ऊपर तक की पूर्ण ऊंचाई। थाइटेटस-क्रेटर 16 मील व्यास का है और इसकी दीवारें भीतर से 7000 फीट ऊंची उठी हुई हैं। यह ऊंचाई संभवतः आपको काफी अधिक लगे, परंतु क्रेटर तल से पृष्ठ-तल ही 5000 फीट ऊंचा है। छोटे-बड़े लगभग सभी 'क्रेटर' वृत्ताकार हैं।

कोपर्निकस क्रेटर की दीवारें भीतर की ओर से 17,000 फीट ऊंची हैं। उस क्रेटर का व्यास 56 मील है। आज तो कोपर्निकस शांत है, परंतु अपने आरंभिक इतिहास में यह ज्वालामुखी भीषण रहा होगा। वास्तव में चंद्रमा का जीवन बहुत ही कष्टमय रहा है। अब तो यह अपनी वृद्धावस्था में है।

चंद्रमा के बारे में सबसे अद्भुत चीज़ है उस पर दीखने वाली रश्मिधाराएं। टाइको और कोपर्निकस क्रेटर के पास ये रश्मिधाराएं अधिक स्पष्ट रूप से दिखाई देती हैं। टाइको क्रेटर का व्यास 54 मील है और इसकी दीवारें लगभग 17,000 फीट ऊंची हैं। चंद्रमा पर जैसे-जैसे टाइको का स्थान प्रकट होता है, ये रश्मि-धाराएं आरंभ होती हैं और पूर्ण चंद्रमा के समय अपनी पूर्णता पर पहुंच जाती हैं। एक-दूसरे के ऊपर दर्जनों धाराएं टाइको की दीवारों से आरंभ होकर चारों दिशाओं में फैलती दिखाई देती हैं।

यद्यपि पूर्णिमा का चंद्रमा हमें बहुत ही चमकीला दिखाई देता है, परंतु चंद्रमा सौर-मंडल के अन्य पिंडों की तुलना में बहुत ही कम सूर्य-प्रकाश प्रतिबिंबित करता है—प्राप्त सूर्य-प्रकाश का केवल 7 प्रतिशत।

सूर्य की तुलना में चंद्रमा से हमको बहुत ही कम ताप व प्रकाश मिलता है। चंद्रमा का तापमान जानने के लिए एक खास यंत्र 'धर्मोकपल' का उपयोग किया जाता है। वास्तव में चंद्रमा के धरातल का तापमान उबलते पानी के तापमान (212 डिग्री फारेनहाइट) से भी अधिक हो जाता है। पेटीट और निकलसन ने केलिफोर्निया की 100 इंच व्यास वाली दूरबीन की सहायता से पता लगाया है कि जब सूर्य ठीक ऊपर होता है, चंद्र-विषुव रेखा पर तापमान 214 डिग्री फारेनहाइट तक पहुंच जाता है। सूर्यास्त के समय (चंद्रमा पर) यह तापमान शून्य के नीचे 58 डिग्री फारेनहाइट पर उतर आता है और रात्रि में तो शून्य के नीचे 250 डिग्री फारेनहाइट पर पहुंच जाता है। इस तापमान पर वायु तरल रूप धारण कर सकती है। तापमान में इतने अंतर का कारण है चंद्रमा पर वायुमंडल का अभाव। वायुमंडल के कारण तापमान में काफी संतुलन बना रहता है। चंद्र-ग्रहण के समय जब सूर्य की किरणें चंद्र पर से एकदम कट जाती हैं इसकी चट्टानों पर भीषण शीत की लहर उठती है। सन् 1927 में पेटीट और निकलसन ने पता लगाया कि चंद्र-ग्रहण के समय तापमान एक घंटे में ही शून्य के नीचे 250 डिग्री फारेनहाइट पर उतर आया था। इससे पता लगता है कि चंद्र का धरातल कुछ ऐसे पदार्थों से बना होना चाहिए, जो गरमी का कम संग्रह कर पाते हैं।

कोई भी ज्वलंत पदार्थ 'रेडियो-तरंगें' प्रेषित कर सकता है। सन् 1948 में ऑस्ट्रेलियन वैज्ञानिक पिडिंगटन और मिनेट में चंद्रमा से आती हुई रेडियो-तरंगों का अध्ययन करके तापमान का पता लगाया था। इस तापमान में और पेटीटनिकलसन के तापमान में अंतर था। रेडियो-तरंगों के अनुसार सर्वाधिक तापमान मध्याह्न में नहीं होता, बल्कि तीन दिन बाद होता है। इससे पता चलता है कि रेडियो-तरंगें वास्तव में चंद्रमा के बाहरी सूर्य-प्रकाशित भाग से नहीं आतीं,

बल्कि वे चंद्र की भीतरी परत से आती हैं। बाहरी सूर्य-प्रकाशित भाग को कुछ भीतर पहुंचने के लिए जो समय लगता है वही यह तीन दिन का समय है।

चंद्रमा का वायुमंडल–चंद्रमा पर वायु का अभाव है, अतः यहां पर अखंड शांति का साम्राज्य है। अपने आरंभिक दिनों में चंद्रमा पर भी वायुमंडल रहा होगा। अब यह वायुमंडल कहां गया? इस प्रश्न का उत्तर इसी बात में है कि पृथ्वी की तुलना में चंद्रमा बहुत ही छोटा है। छोटे या बड़े, हर पिंड में गुरुत्वाकर्षण-शक्ति रहती है। सूर्य, जो कि पृथ्वी का 3,00,000 गुना है, संपूर्ण सौर-मंडल को बांधे हुए है। चंद्रमा का 'विपलायन वेग' डेढ़ मील प्रति सेकंड है और यही कारण है कि इसका वायुमंडल उठ गया है।

मंगल-ग्रह

मंगल-ग्रह पृथ्वी के मानव के लिए विशेष महत्त्व रखता है। सौर-मंडल का यही एकमात्र ग्रह है जहां कुछ जीव-जगत् होने की संभावनाएं हैं। इस ताम्रवर्णी ग्रह में और पृथ्वी में अनेक समानताएं हैं। सूर्य की प्रदक्षिणा करते-करते मंगल प्रति पंद्रह वर्ष में एक बार पृथ्वी के बहुत निकट आ जाता है। 11 सितंबर 1956 के दिन मंगल पृथ्वी के बहुत निकट आया था। उसके बाद 9 अगस्त, 1971 के दिन फिर निकट आया। ऐसे समय मंगल आकाश में चमकते लाल-मणि की तरह दिखाई देता है। इसके लाल रंग के कारण ही यूनान के लोगों ने इसे युद्ध का देवता माना है।

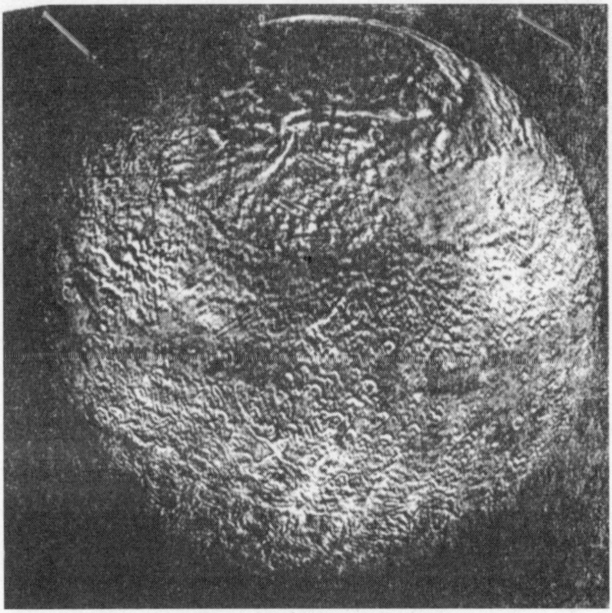

मंगल ग्रह : ऊपर इसका उत्तरी-ध्रुव है

पुराणों में मंगल को 'महि-सुत' कहा गया है। वेदकालीन पंच ग्रहों में मंगल भी एक था। ग्रहों की अनुदिश तथा प्रतिदिश वक्र गतियां, अर्थात् उनका आगे-पीछे चलना महाभारत के समय के लोग भी जानते थे। महाभारत के कर्णपर्व में एक जगह उल्लेख है-'फिर अर्जुन ने पीछे लौटकर बहुत से संसप्तकों पर उसी प्रकार प्रहार किया जैसे तीव्र वक्र-गति से चलता हुआ मंगल नामक ग्रह।' एक जगह पर उल्लेख है-'वक्रानुवक्र (अर्थात् अति वक्र) होकर श्रवण में अग्नि के समान लाल लोहितांग (मंगल ग्रह) ब्रह्मराशि (तारा-विशेष) को ढक लेगा।'

आकार-प्रकार-मंगल आकार में काफी छोटा ग्रह है। इसका व्यास 4,215 मील है और पदार्थ-राशि पृथ्वी के दसवें भाग से थोड़ी ही अधिक है। अत: मंगल का चमकीला रूप पृथ्वी के निकट होने के कारण ही होना चाहिए, किंतु इसकी निकटता वस्तुत: एक दुर्लभ निकटता ही जान पड़ती है। यह ग्रह जब पृथ्वी के सबसे अधिक निकट होता है तब भी पृथ्वी से 3,50,00,000 मील की दूरी पर होता है। हर पंद्रहवें और कभी-कभी सत्रहवें वर्ष ऐसा अवसर आता है। ऐसे वक्त खगोलविदों को मंगल को अधिकाधिक गहराई से देखने का अवसर मिलता है। किंतु ऐसे अवसरों पर भी मंगल पृथ्वी-चंद्र दूरी से 140 गुना दूर रहेगा। अत: दूरबीनों से चंद्रमा को हम जितना स्पष्ट देख सकते हैं, मंगल के लिए वैसा संभव नहीं है। फिर भी खगोलविदों ने इस ग्रह के बारे में काफी तथ्य एकत्र किए हैं।

सूर्य से मंगल की औसत दूरी लगभग 14,10,00,000 मील है और यह हमारे 687 दिनों में सूर्य की एक परिक्रमा पूरी करता है, अर्थात् मंगल का 'वर्ष' हमारे दो वर्षों से थोड़ा ही कम है। लेकिन मंगल और पृथ्वी का 'दिन' लगभग बराबर ही है-24 घंटे 37 मिनट 22.6 सेकंड का। मंगल की धुरी-गति इसके ऊपर की स्थायी लकीरों के कारण बड़ी आसानी से जानी जा सकती है। सौर-मंडल में पृथ्वी और मंगल ही ऐसे ग्रह हैं जिनका दिन 24 घंटों के आसपास पड़ता है। बुध और प्लूटो अपनी धुरी पर बहुत ही मंद गति से घूमते हैं, और अन्य बड़े ग्रह बहुत ही तेज़ गति से।

तापमान-मंगल की धुरी सौर-मंडल-समतल से 25 अंशों का कोण बनाती है (पृथ्वी 23 $\frac{1}{2}$ अंशों का कोण बनाती है), अत: पृथ्वी और मंगल की ऋतुओं में काफी समानता है। पृथ्वी की ही तरह मंगल के तापमान में भी ऋतुओं तथा अक्षांशों के अनुसार अंतर पड़ जाता है। पहले यह धारणा थी कि मंगल एक हिमाच्छादित शीत-संसार है। परंतु आज हम मंगल के तापमान को अच्छी तरह से जानते हैं। इसकी विषुव-रेखा पर तापमान 70 डिग्री फारेनहाइट तक पहुंच जाता है, परंतु शीत-ऋतु और रात्रि में तापमान काफी गिर जाता है। फ्रेंच खगोलविद् वाऊकोलेर के मत में मंगल का तापमान पृथ्वी के तापमान से अधिक भिन्न नहीं है, हां, थोड़ा कठोर

अवश्य है। वैज्ञानिकों का अनुमान है कि मंगल-ग्रह की कठोर सरदी से बचने के लिए यदि साधन हो तो वहां पर मनुष्य का जीवित रह सकना संभव है।

मंगल पृथ्वी से केवल छोटा ही नहीं, इसका घनत्व भी कम है। इससे ज्ञात होता है कि इस ग्रह की 'लौह-गुठती' काफी छोटी है। इसका विपलायन-वेग तीन मील प्रति सेकंड है। यद्यपि मंगल पृथ्वी से छोटा और ठंडा है, परंतु दोनों की रचना एक ही नमूने पर हुई प्रतीत होती है। अत: यह कोई आश्चर्य की बात नहीं कि शताब्दियों से लोगों ने मंगल पर बुद्धिमान (हमारी तरह?) निवासियों की कल्पना की है।

मंगल की सूर्य-परिभ्रमण-गति लगभग 15 मील प्रति सेकंड है—हमारी पृथ्वी की 18 मील प्रति सेकंड है।

मंगल परीक्षण–जब मंगल पृथ्वी से निकटतम रहता है तब अन्य खगोलीय-पिंडों की तुलना में इस ग्रह का अध्ययन बहुत ही सुगम है—चंद्रमा को छोड़कर। यह सच है कि शुक्र पृथ्वी के मंगल से भी अधिक निकट आता है, परंतु तब शुक्र छोटी कला के रूप में रहता है और केवल दिन के प्रकाश में देखा जा सकता है। मंगल से निकट आने पर यदि दूरबीन की विस्तारशक्ति 70 की जाए तो यह ग्रह हमें चंद्रमा के आकार का दिखाई देगा।

अनुकूल परिस्थितियों में यदि मंगल को दूरबीन से देखा जाए तो यह ग्रह नारंगी रंग का दिखाई देगा और इसके ऊपर कुछ धुंधली-सी लकीरें दिखाई देंगी। मंगल का पहला नक्शा, जिसमें इन लकीरों को खींचा गया था, डच-खगोलवेत्ता हुइ गेन्स ने सन् 1659 में बनाया था। उनके अनुसार, मंगल अपनी एक धुरी-परिक्रमा 24 घंटों में पूर्ण करता है। सन् 1666 में कासीनी ने पता लगाया कि यह धुरी-परिक्रमा-समय 24 घंटे 40 मिनट का है।

आरंभ में नारंगी क्षेत्रों को मरुभूमि समझा गया था और काले धब्बों को समुद्र। पहली बात तो ठीक है, लेकिन जहां तक दूसरी बात का प्रश्न है, हम आज निश्चित रूप से जानते हैं कि मंगल पर पानी इतनी मात्रा में नहीं है कि उससे समुद्र बन सके।

मंगल के किसी भी ध्रुव को आप देखें, उस पर सफेद बरफ-टोपियां दिखाई देंगी। ये बरफ-टोपियां ऋतुओं के अनुसार घटती-बढ़ती रहती हैं। उत्तरी-गोलार्द्ध में जब गरमी रहती है तो उत्तर ध्रुव की बरफ-टोपी पिघलकर छोटी होने लगती है और दक्षिण-ध्रुव की बरफ-टोपी बढ़ने लगती है। जब ऋतु बदल जाती है तो क्रम उलटा हो जाता है। हमारी पृथ्वी के ध्रुवों का भी लगभग यही हाल है। पहले वैज्ञानिकों का यह ख़याल था कि मंगल की सफेद ध्रुव-टोपियां कार्बन डाइऑक्साइड की हैं, परंतु सन् 1947 में अमरीका के प्रसिद्ध खगोलविद् कुईपर ने इस प्रश्न को हमेशा के लिए हल कर दिया है। रश्मि-वर्ण-विश्लेषकीय (स्पेक्ट्रोस्कोपिक)

अध्ययन से अब यह स्पष्ट हो गया है कि मंगल की ध्रुव-टोपियों में निश्चित रूप से बरफ है। लेकिन इससे यह समझ लेना कि मंगल की बरफ-टोपियां ग्रीनलैंड और अंटार्कटिक की बरफ-परतों की तरह हैं, गलत होगा। मंगल की बरफ-परतें इतनी जल्दी पिघल जाती हैं कि कुछ इंचों से अधिक मोटा होना असंभव है। अपने अधिकतम रूप में मंगल के दक्षिण-ध्रुव की टोपी ध्रुव से विषुवत् रेखा एक पहुंच जाती है—ध्रुव से लगभग 3,000 मील। लेकिन मंगल के छह महीनों बाद यह एकदम गायब हो जाती है। उत्तरी-ध्रुव की टोपी न तो इतनी बड़ी होती है और न वह पूर्ण रूप से पिघलती ही है। 'पिघलना' शब्द मंगल के लिए शायद ठीक न हो। मंगल पर वायु का दबाव पृथ्वी की अपेक्षा कम है, अतः मंगल ध्रुवों की बरफ, पानी में परिवर्तित न होकर सीधे वाष्प रूप में बदल जाती है। यही कारण है कि मंगल के ध्रुवों पर हम सफेद बादलों का फैलाव देखते हैं।

रूसी वैज्ञानिक जी. तिखोव का मत है कि मंगल की ध्रुव-टोपी एक तुषार-परत मात्र है। संभवतः तिखोव महाशय अपने मत में सही हों, लेकिन बात कुछ असंभव-सी प्रतीत होती है। मंगल की ध्रुव-टोपियां लगभग पृथ्वी की तरह हों, यह कोई असंभव बात नहीं है, क्योंकि पृथ्वी और मंगल में बहुत-सी समानताएं हैं। हां, ये बरफ-टोपियां पृथ्वी की बरफ-परतों की तरह मोटी नहीं हैं। संक्षेप में मंगल के बारे में हम कह सकते हैं—मंगल पर पानी का काफी अभाव है। यह ग्रह पृथ्वी की तुलना में, काफी पहले ही अपनी पूर्णावस्था को पहुंच चुका है और अपना अधिकांश वायुमंडल खो चुका है। अतः यह ग्रह अब अपनी वृद्धावस्था में है।

मंगल पर छोटी-मोटी वनस्पति हो सकती है। जब ध्रुव-टोपी पिघल जाती है तो किनारे पर प्रायः एक काला घेरा दिखाई देता है। कुईपर ने अपनी पुस्तक 'पृथ्वी और ग्रहों का वायुमंडल' (शिकागो 1952) में लिखा है कि मैंने 82 इंच वाले रिफ्लेक्टर से अप्रैल 1950 में इन घेरों को देखा था; इनका रंग काला है और ये स्पष्ट दिखाई देते हैं।

बहुत संभव है कि ये घेरे किनारे पर निकली हुई काई के कारण काले दीखते हों। पुनः जब बरफ जमने लगती है तो ये घेरे गायब हो जाते हैं। इससे यह अनुमान लगाया जा सकता है कि जब बरफ पिघलती है तब कुछ पानी चाहे तरल रूप में हो या वाष्प रूप में—टोपी के किनारे पर इकट्ठा हो जाता है और तब इस क्षेत्र में वनस्पति जीवित हो उठती है। लियाइस (1878 ई.) का तो कथन है कि मंगल के ये घेरे निश्चित रूप से वनस्पति के कारण ही हैं।

वनस्पति-सिद्धांत का सबसे अधिक विरोध रश्मि-वर्ण-विश्लेषक (स्पेक्ट्रोस्कोप) द्वारा किए गए परीक्षणों से होता है। इन परीक्षणों में हमें 'क्लोरोफिल'—जो कि वनस्पति के हरे रंग के लिए आवश्यक है—नहीं मिलती। लेकिन पृथ्वी पर भी लीचेन

और काई-वर्ग की ऐसी लघु-वनस्पति मिलती हैं जिनमें क्लोरोफिल नहीं होती। इधर कुछ वर्षों से अमरीकन वैज्ञानिक हुर्बेर्टस स्ट्रघोल्ड ने इस विषय का जीव-विज्ञान की दृष्टि से विशेष अध्ययन किया है। उनका विश्वास है कि मंगल पर वनस्पति होने के सिद्धांत का खंडन करना बहुत कठिन है।

हां, यह संभव है कि मंगल-ग्रह की वनस्पति पृथ्वी की वनस्पति की तरह न हो। वहां पर वातावरण भिन्न है और इसी वातावरण के अनुसार वहां की वनस्पति ने अपने को बना लिया है। रूसी वैज्ञानिक तिखोव ने लिखा है : पृथ्वी पर जैसे पौधे होते हैं लगभग वैसे ही मंगल-ग्रह पर भी हो सकते हैं। बल्कि यह भी सिद्ध होता है कि मंगल के पेड़-पौधे उच्चकोटि के हैं, जिनमें प्रचुर क्लोरोफिल विद्यमान है। तिखोव अंत में इस निर्णय पर पहुंचते हैं कि यदि मंगल ग्रह पर वृक्षों का होना निश्चित है तो यह कल्पना करना सहज स्वाभाविक ही होगा कि वहां जीवधारी भी अवश्य होंगे और विवेकशील प्राणी भी।

मंगल पर बुद्धिमान प्राणी हो या न हो, यह तो निर्विवाद है कि वहां पर वनस्पति अवश्य है, चाहे किसी भी रूप में हो। इसके समर्थन में ई.जे. ओपिक ने जो तर्क दिया है, उसे तो स्वीकार करना ही पड़ता है। हम जानते हैं कि मंगल का नारंगी रंग उसके विशाल मरुक्षेत्रों के कारण है। यदि मंगल की वनस्पति सामर्थ्यवान न होती तो मरुक्षेत्र से उठने वाले 'बालू' के तूफान इन काले क्षेत्रों को हमेशा के लिए ढक देते। इस प्रकार हम देखते हैं कि सौर-मंडल की हमारी यात्रा में मंगल दूसरा ग्रह है जहां हमने 'जीवन' को पाया है।

बुध और चंद्रमा पर, और संभवतः शुक्र पर भी, पर्वत हैं, घाटियां हैं, परंतु मंगल पहाड़ी ग्रह नहीं है। यह एकदम सपाट मैदान भी नहीं है, परंतु मंगल पर पृथ्वी के हिमालय जैसे पर्वत और चंद्रमा के लीबनीज़ जैसे पर्वत निश्चित रूप से नहीं हैं। पीक डू मिंडी वेधशाला (फ्रांस) के डोल्फूस नामक वैज्ञानिक ने मंगल के धरातल का विशेष अध्ययन किया है। उन्होंने पर्वतों की छाया का अध्ययन करके कुछ तथ्य एकत्र किए हैं। लेकिन इसमें कई कठिनाइयां थीं। मंगल की दूरी और लघु आकार के कारण यहां के पर्वतों की छाया का अध्ययन करना वैसा ही है, जैसे कि हवाई जहाज़ से चींटियों के बिल की छाया का अध्ययन करना। डोल्फूस के मतानुसार ध्रुव प्रदेशों में 3,000 फीट ऊंचे पर्वत हो सकते हैं, समशीतोष्ण-कटिबंध में पर्वत कुछ अधिक ऊंचे भी हो सकते हैं। मंगल के धरातल का क्षेत्र पृथ्वी के क्षेत्रफल (19,70,00,000 वर्गमील) का केवल 2/7 हिस्सा मात्र है, अतः सापेक्ष दृष्टि से भी मंगल के पर्वत निश्चित रूप से इतने ऊंचे नहीं हैं। हम यह जानते हैं कि मंगल अपनी वृद्धावस्था पर पहुंच चुका है; घिसते रहने के कारण इसके पर्वत काफी छोटे हो गए हैं।

यद्यपि ध्रुव-टोपियां और काले-क्षेत्र मंगल का काफी भाग घेरे हुए हैं, अधिकांश ग्रह नारंगी रंग के क्षेत्रों से घिरा हुआ है। आरंभ से इन क्षेत्रों को वैज्ञानिक मरुक्षेत्र मानते आए हैं और उनका यह विचार आज भी ठीक है। लेकिन ये 'मरुक्षेत्र' बालू के नहीं हो सकते। प्लूटो ग्रह को खोज निकालने वाले अमरीकन खगोलशास्त्री टौमबो ने दर्शाया है कि मंगल पर पृथ्वी जैसी बालू नहीं हो सकती, क्योंकि बालू पानी में बहते हुए पत्थरों के कारण बनती है, और हम जानते हैं कि मंगल पर बहते पानी का अभाव है।

बी. लॉयट का मत है कि चंद्रमा की तरह मंगल का धरातल भी धूल से ढका हुआ है। लेकिन हम जानते हैं कि चंद्रमा की धूल ज्वालामुखी के कारण है; मंगल के लिए यह संभव नहीं है। एक मत यह है कि मंगल की धूल लोहे के जंग-मिश्रित कणों से बनी हुई है। इसी कारण मंगल के मरुक्षेत्र लाल रंग के दिखाई देते हैं और यहां पर आक्सीजन की कमी है। इधर के कुछ परीक्षणों के आधार पर ज्ञात होता है कि मंगल के मरुक्षेत्र फेल्साइट के भूरे रंग के छोटे-छोटे कणों से बने हुए हैं।

मंगल पर कुछ वायुमंडल अवश्य है। यहां पर 'विपलायन-वेग' तीन मील प्रति सेकंड है, अतः यह लोहितांग ग्रह अभी तक काफी मात्रा में वायुमंडल को बनाए हुए है। आर. बेकर ने चंद्रमा के साथ मंगल की संक्रांति का अध्ययन किया है। जैसे ही मंगल चंद्रमंडल के पीछे चला गया, मंगल का आखिरी भाग धूमकेतु की तरह धुंधला-सा दिखाई दिया—लगभग मंगल के व्यास का डेढ़ गुना। बाद में धीरे-धीरे यह भी चंद्रमंडल के पीछे चला गया।

मंगल-ग्रह से वर्णपट पर अंकित प्रतिबिंब का विश्लेषण कर वैज्ञानिक इस निर्णय पर पहुंचे हैं कि मंगल-ग्रह के वायुमंडल में आक्सीजन बहुत ही कम है। कार्बन डाइऑक्साइड तथा पानी व भाप के अस्तित्व का स्पष्ट पता चलता है। नाइट्रोजन के, जो वर्णपट में नहीं दिखाई देता, अस्तित्व का भी अनुमान लगाया जाता है।

पृथ्वी पर वायुमंडल का दबाव पारे के बैरोमीटर में 26 से 32 इंच के बराबर रहता है। परंतु मंगल पर ऐसे यंत्र का कोई उपयोग नहीं हो सकता। यहां पर दबाव बहुत ही क़म है—लगभग ढाई इंच। पृथ्वी के वायुमंडल में इतना कम दबाव ग्यारह मील ऊंचे वायुमंडल में हो सकता है। मंगल पर वर्षा का तो अभाव है, लेकिन वहां पर बादल हैं। इन बादलों को रंगों के अनुसार तीन भागों में विभक्त किया गया है—नीले, सफेद और पीले।

'नीले' बादल आंखों से नीले नहीं दीखते, नीला तो इन्हें इसलिए कहा गया है कि ये बादल नीले प्रकाश में लिए गए चित्रों में अधिक स्पष्ट दिखाई देते हैं। हम जानते हैं कि पृथ्वी से आकाश का रंग नीला दिखाई देता है। कारण कि वायुमंडल में नीला प्रकाश आसानी से परिवर्तित होकर फैल जाता है। नीला प्रकाश वायुमंडल

में बहुत ही कम घुस पाता है, अतः नीले प्रकाश में लिए गए मंगल के चित्र इस ग्रह का ऊपरी वायुमंडल दिखाएंगे। 'नीले बादल' सबसे ऊपर रहते हैं–मंगल-धरातल से लगभग बारह मील ऊंचाई पर। इतनी ऊंचाई पर तापमान बहुत ही कम होगा–लगभग शून्य के नीचे 100 डिग्री सेंटीग्रेड। अतः हम अनुमान लगा सकते हैं कि मंगल के ये 'नीले बादल' हिम-स्फटिक (क्रिस्टल्स) के बने हुए हैं।

नीले बादलों के नीचे 'सफेद बादल' हैं और इनके गुण-धर्म लगभग नीले बादलों जैसे ही हैं। सबसे नीचे के बादल पीले रंग के हैं और आंखों से भी ये पीले ही दिखाई देते हैं। ये मंगल-धरातल के काफी निकट रहते हैं और कभी-कभी तो काफी जगह घेर लेते हैं। सन् 1911 में एक पीले बादल ने तो लगभग दस लाख वर्गमील जगह घेर ली थी और यह बादल कई सप्ताह तक टिका रहा। ये पीत-मेघ निश्चित रूप से पृथ्वी-मेघ जैसे नहीं हो सकते। ये पानी के नहीं हो सकते, संभवतः ये धूल के बादल हैं।

पृथ्वी पर धूल के तूफान तेज़ हवा के कारण उठते हैं। परंतु मंगल पर पृथ्वी जैसी तेज़ हवा नहीं बहती। सन् 1911 जैसे विशाल पीत-बादल इतनी मंद हवा में कैसे उठते होंगे? जापानी खगोलविदों ने (ईस्टर्न एस्ट्रोनॉमीकल एसोसिएशन के मंगल-ग्रह विभाग ने) सन् 1950 से '52 तक मंगल के इन बादलों का अध्ययन किया है। 30 अक्टूबर 1951 को इन्होंने मंगल के धरातल पर एक बादल को गुजरते देखा। 8 नवंबर को यह बादल गायब हो गया और एक बादल नवंबर के अंत में दिखाई दिया।

मंगल के उपग्रह–पहले यह विश्वास था कि बुध और शुक्र की तरह मंगल का भी कोई उपग्रह नहीं है, परंतु सन् 1877 में वाशिंगटन के आसफहाल नामक वैज्ञानिक ने मंगल के दो उपग्रहों का पता लगाया। प्राचीन यूनान के युद्ध-देवता 'मार्स' के दो सेवकों के नाम पर इनका नाम 'फोबोस' और 'डाइमोस' रख दिया गया।

फोबोस और डाइमोस आकार में काफी छोटे हैं। फोबोस कोई दस मील व्यास का होगा और डाइमोस छह मील व्यास का। अतः इन उपग्रहों का हम बड़ी जल्दी ही चक्कर लगा सकते हैं। परंतु इन पर 'चलना' बहुत कठिन काम है। यहां आकर्षण-शक्ति इतनी कम है कि यहां पर आदमी का तौल केवल एक औंस रह जाएगा और ऐसी परिस्थिति में थोड़ी-सी उछाल भी आदमी को आकाश में भेज देगी। मंगल-निवासियों को ये उपग्रह बहुत ही मंद दिखाई देंगे। पृथ्वी-निवासियों को जैसे चंद्रमा दिखाई देता है, मंगल-निवासियों को फोबोस उससे तिहाई व्यास का दिखाई देगा और डाइमोस पृथ्वी से दीखने वाले शुक्र ग्रह के समान दिखाई देगा।

फोबोस और डाइमोस कुछ अजीब गति से मंगल की परिक्रमा करते हैं। इनकी विचित्र गति के कारण गणितज्ञों ने तो इन उपग्रहों को 'अस्थिर-दिवास्वप्न' का ही नाम दे दिया है। फोबोस 3,700 मील की दूरी पर 7 घंटे 39 मिनट में मंगल की एक

परिक्रमा करता है। यह समय मंगल ग्रह के एक 'दिन' का केवल तीसरा हिस्सा है। फोबोस की यह तेज गति मंगल पर विचित्र दृश्यों को जन्म देती होगी। मंगल-निवासी को फोबोस पश्चिम क्षितिज पर उदित होकर केवल साढ़े-चार घंटों में पूर्व क्षितिज में अस्त होता दिखाई देगा। साथ-साथ इसकी कलाओं में भी परिवर्तन होता दिखाई देगा। यदि यह उदय-काल में द्वितीया की कला का होगा तो डूबते-डूबते पूर्णिमा का चांद बन जाएगा।

डाइमोस भी फोबोस की तरह ही आश्चर्य की वस्तु है। यह मंगल से 12,500 मील की दूरी पर है और 30 घंटे में एक परिक्रमा पूरी करता है। यह समय मंगल के 'दिन' से थोड़ा ही अधिक है, अतः मंगल के पीछे-पीछे डाइमोस भी अपने 'मालिक' का साथ देता है। डाइमोस लगातार ढाई दिन तक मंगल के क्षितिज पर दिखाई देगा और साथ-साथ इसकी कलाओं में भी परिवर्तन होता रहेगा।

इन लघु-चंद्रों के कारण मंगल पर ग्रहणों की विचित्र स्थिति है। ये मंगल की छाया में आते रहते हैं, निकलते रहते हैं। कभी-कभी फोबोस डाइमोस पर से गुज़रता है। मंगल-निवासी को 'सूर्य-ग्रहण' भी दिखाई दे सकते हैं, परंतु खग्रास ग्रहण कभी नहीं। फोबोस एक 'मंगल वर्ष' में लगभग 1,300 बार सूर्य-मंडल पर से गुज़रता है और सूर्य के आधे से भी कम भाग को ढकता है और यह ग्रहण केवल 19 सेकंड तक ही रहता है। डाइमोस एक 'मंगल-वर्ष' में लगभग 120 बार सूर्य पर से गुज़रता है और यह सूर्य का केवल चौथाई भाग ही ढकता है, परंतु यह ग्रहण दो मिनट तक ही बना रहता है।

मंगल की नहरें–सन् 1877 में इतालवी खगोलविद् गियोवान्नी शियापारेली ने मिलान की वेधशाला में मंगल के पृथ्वी के निकटतम आने पर मंगल-ग्रह संबंधी अनेक तथ्यों का अवलोकन किया। उसने देखा कि इस ग्रह के आलोकमय क्षेत्र से अंधकारमय क्षेत्र तक धूमिल रेखाएं-सी बनी हैं। इन्हें उसने जल-प्रणाली का नाम दिया। शियापारेली के कथनानुसार, मंगल की ध्रुव-टोपियों के पिघलने पर यह दृश्य दिखाई दिया करता है और कुछ दिन पश्चात् ही ये धूमिल रेखाएं उसी मार्ग का अनुसरण करती हुई दो समानांतर रेखाओं में परिणत हो जाती हैं। आश्चर्य की बात यह है कि ये जल-प्रणालियां वक्र गति से प्रवाहित न होकर ज्यामिति की विशुद्ध आकृतियों में प्रवाहित होती दिखाई देती हैं। शियापारेली का तो कथन है कि ज्यामिति की विशुद्ध आकृतियों के रूप में मंगल ग्रह की जल-प्रणालियों (नहरों) को देखकर स्वाभाविक ही यह अनुमान होता है कि अवश्य ही यह विवेकशील प्राणियों की कलाकृति है।

शियापारेली के मंगल-ग्रह संबंधी अन्वेषणों और अवलोकनों से प्रभावित होकर लावेल नामक वैज्ञानिक ने मंगल-लोक की पहेली सुलझाने के लिए एरीज़ोना

में एक वेधशाला की स्थापना की। सन् 1894 में जब मंगल फिर पृथ्वी के निकट आया, लावेल ने अपने सहयोगियों के साथ इस ग्रह के संबंध में अनेक बातों का पता लगाया।

सन् 1909 तक लावेल ने मंगल पर ज्यामितीय आकृति की लगभग 700 जल-प्रणालियों का पता लगाया था। लावेल ने अपने अनुसंधानों के आधार पर कहा था– हमारे पास इतने प्रमाण हैं कि उनसे मंगल-ग्रह पर आबादियां सिद्ध होती हैं। अपने सिद्धांत के प्रतिपादन के लिए लावेल ने तीन पुस्तकें भी लिखीं। इन पुस्तकों के अनुसार, मंगल एक मरणोन्मुख ग्रह है। किसी समय यह मेधावी सभ्यता की क्रीड़ाभूमि था, किंतु अब मंगल अपनी जीवन-लीला समाप्त कर रहा है। जीवन का प्रमुख अवलंब उसका जल-भंडार क्षीण हो रहा है। मंगल-लोक में हलके लाल-रंग के क्षेत्र सूखे और झुलसे हुए मरु-प्रदेश हैं। केवल ध्रुव-शीर्षों पर ही जल के प्रचुर भंडार रह गए हैं। शायद मंगल-निवासियों ने कोई अन्य उपाय न देखकर ध्रुव-प्रदेश से मैदानों पर विशाल नहरों का जाल-सा बिछा दिया है।

लावेल ने जिन अनेक बातों के लिए कल्पना और अनुमान से काम लिया था उन्हें आधुनिक वैज्ञानिकों ने हमारे सामने प्रत्यक्ष कर दिखाया है। अधिकांश वैज्ञानिकों का यह विश्वास है कि किसी समय मंगल का वातावरण पृथ्वी के वातावरण की तरह प्रचुर आक्सीजन से युक्त था। लाखों वर्षों की रासायनिक प्रक्रिया के बाद मंगल की भूमि में बिखरा लौह आक्सीजनीकरण द्वारा ही लाल रंग में बदल गया है।

वैज्ञानिकों का एक ऐसा भी वर्ग है जो मंगल को एक मृत-ग्रह मानता है और उसकी नहरों को मंगल की प्राचीन सभ्यता का भग्नावशेष। ये वैज्ञानिक आशान्वित हैं कि एक दिन जब इस पृथ्वी से वैज्ञानिक मंगल तक जाएंगे तब वे मंगल के प्राचीन खंडहरों के आधार पर वहां की प्राचीन सभ्यता के संबंध में अधिक निर्णयात्मक विवरण दे सकेंगे।

कुछ भी हो, मंगल एक अद्‌भुत ग्रह है। मूलतः यह पृथ्वी से अधिक साम्य रखता है और कुछ गरम भी है। यहां पर वायुमंडल भी है और वनस्पति भी। यद्यपि मंगल का युवाकाल बीत चुका है, पर यह ग्रह एकदम निर्जीव संसार नहीं है।

लघु-ग्रह

मंगल और बृहस्पति के बीच लगभग 35,00,00,000 मील का अंतर है। सौर-मंडल की यह इतनी खाली जगह वैज्ञानिकों को अच्छी नहीं लगती थी। आरंभ से उनका विश्वास रहा है कि इन दो ग्रहों के बीच अवश्य कोई ग्रह होना चाहिए। ग्रह-गति सिद्धांतों की स्थापना करने वाले केपलर ने तो लिखा था, 'मंगल और बृहस्पति के बीच मैं एक ग्रह को रखता हूं।'

यदि इन दो ग्रहों के बीच हमारे चंद्रमा के आकार का भी ग्रह होता तो नग्न आंखों से दिखाई देता। अवश्य कोई छोटा ग्रह होना चाहिए। जर्मन खगोलविद् बोडे ने इस प्रश्न को आंशिक रूप से हल किया। उन्होंने एक नियम की स्थापना की जो आज 'बोडे-नियम' के नाम से प्रसिद्ध है। वास्तव में यह नियम बोडे के कुछ वर्ष पूर्व एक जर्मन वैज्ञानिक टिटीयस ने खोजा था।

'बोडे-नियम' इस प्रकार है–

ग्रह	**बोडे-नियम के अनुसार यहां से ग्रह की दूरी**	**वास्तविक दूरी**
बुध	4	3.9
शुक्र	7	7.2
पृथ्वी	10	10
मंगल	16	15.2
	28	–
बृहस्पति	52	52.0
शनि	100	95.4
यूरेनस	196	191.8
नेपच्यून	–	300.7
प्लूटो	388	394.6

इन संख्याओं को लीजिए–0, 3, 6, 12, 24, 48, 96, 192 और 384। अब प्रत्येक संख्या में 4 जोड़ दीजिए, तो ये संख्याएं मिलेंगी–4, 7, 10, 16, 28, 52, 100, 196 और 388। सूर्य से पृथ्वी की दूरी 10 मानने पर ये संख्याएं क्रमशः प्रत्येक ग्रह से सूर्य की दूरी बतलाती हैं। ऊपर की सारणी से यह बात स्पष्ट हो जाएगी।

सन् 1772 तक सौर-मंडल के अंतिम तीन ग्रहों–यूरेनस, नेपच्यून और प्लूटो–का पता नहीं लगा था। परंतु सन् 1781 में जब यूरेनस खोजा गया तो यह ग्रह 'बोडे-नियम' के अनुकूल निकला। नेपच्यून के वक्त कुछ गड़बड़ हो गई। 'बोडे-नियम' के अनुसार नेपच्यून 388 की संख्या पर होना चाहिए था, परंतु वहां पर निकला एक दूसरा ही ग्रह–प्लूटो। सन् 1772 तक जितने ग्रहों का ज्ञान था, उनके आधार पर तो यह नियम ठीक ही था, लेकिन एक अपवाद था; 28 की संख्या के लिए मंगल और बृहस्पति के बीच कोई 'ग्रह' चाहिए था।

इस 'ग्रह' के प्रश्न को हल करने के उद्देश्य से सन् 1800 में जर्मनी के छह खगोलविद् लिलीयन्थाल शहर में विचार-विमर्श के लिए एकत्र हुए। श्रोटेर को सभापति चुना गया और एक खगोलविद् बारोन फॉन ज़ाख़ को सेक्रेटरी चुना गया। इन लोगों ने मिलकर एक ऐसी योजना बनाई, जिसके अनुसार प्रत्येक को आयनिक-वृत्त (ईक्लिपिटक) का छठा भाग परीक्षण के लिए सौंपा गया।

लेकिन इसी बीच एक अजीब घटना घटी। सिसली पालेमी वेधशाला के अध्यक्ष पियाज़्ज़ी तारों का एक मानचित्र तैयार कर रहे थे। अचानक 1 जनवरी, 1801 को–नई शताब्दी के प्रथम दिवस पर इन्होंने आकाश में तारों जैसा ही, परंतु गति में तारों से भिन्न, एक ज्योति-पिंड देखा। पियाज़्ज़ी ने सोचा कि यह पुच्छ-विहीन एक धूमकेतु है, लेकिन साथ ही ज़ाख़ को उन्होंने इस संबंध में एक चिट्ठी भी लिख दी। इस ज्योति-पिंड की गति चिट्ठी की गति से तेज़ निकली–जब ज़ाख़ के पास पत्र पहुंचा, यह ज्योति-पिंड सूर्य-प्रकाश में ग़ायब हो गया था।

सौभाग्यवश, पियाज़्ज़ी ने इस पिंड की गति को अच्छी तरह से माप लिया था। अब यह निश्चित हो गया था कि यह ज्योति-पिंड एक लघु-ग्रह है। ठीक एक वर्ष बाद पुनः इस ग्रह को खोज निकाला गया और सिसली द्वीप की आराध्य-देवी के नाम पर इसका नाम 'सैरस' रखा गया। इसकी बोडे-इकाई के अनुसार दूरी 27.7 थी, जो कि बोडे-नियम की 28 संख्या के लगभग बराबर थी। सौर-परिवार पुनः पूर्ण हो गया।

लेकिन सैरस एक लघु-संसार ही निकला। इसका व्यास केवल 300 मील का था। श्रोटेर महाशय के सहयोगियों ने अपनी खोज चालू रखी। इनमें से एक एच. होल्वेर महाशय ने मार्च 1802 में एक और लघु-ग्रह का पता लगाया और इसका नाम 'पालास' रखा गया। यह लघु-ग्रह गति और आकार-प्रकार में सैरस के

समान ही था। ऐसा लगता था कि ये दो लघु-ग्रह किसी एक ग्रह के विभाजन के कारण बने हुए हैं। इस विचार का परिणाम यह हुआ कि खगोलविद् अन्य लघु-ग्रहों की भी खोज में लग गए। कुछ ही वर्षों के भीतर और दो लघु-ग्रहों का पता चला। 'जूनो' को लिलीयन्थाल के हार्डिंग नामक वैज्ञानिक ने 1804 में खोज निकाला और 'वेस्ता' को आल्वेर ने सन् 1807 में।

जूनो, वेस्ता और पहले के दो लघु-ग्रहों में काफी साम्य था। ये चारों पिंड 'लघु-ग्रह' (माइनर प्लैनेट्स) या ऐस्टरॉयड्स के नाम से प्रसिद्ध हो गए।

सन् 1830 तक इस दिशा में खगोलविदों को और कोई सफलता नहीं मिली। तब प्रशा के हेन्के नामक वैज्ञानिक ने इस विषय को एक नए ढंग से आरंभ किया। अकेले, बिना किसी की सहायता के, इन्होंने लगातार 15 वर्ष तक इस विषय पर खोज की। अंत में उन्हें अपने कठिन परिश्रम का फल मिल गया; एक नए लघु-ग्रह का पता चला। इसका नाम 'अस्ट्राई' रखा गया। 'अस्ट्राई' उपरोक्त चार ग्रहों से छोटा था, इसका व्यास लगभग 6 मील का था।

हेन्के ने सन् 1847 में 'हेवे' नामक एक और लघु-ग्रह का पता लगाथा। इसी वर्ष लंदन में हिंड ने 'आइरिस' और 'फ्लोरा' नामक लघु-ग्रहों का पता लगाया। सन् 1848 और '49 में, और एक लघु-ग्रह का पता लगा। इस प्रकार सन् 1870 तक कुल 109 लघु-ग्रह खोज निकाले गए थे। 20 वर्ष बाद यह संख्या 300 तक पहुंच गई। तब 1891 में हाइडेलवर्ग (जर्मनी) के मैक्स वोल्फ नामक वैज्ञानिक ने लघु-ग्रह खोज निकालने का एक नया तरीका ईजाद किया। इसके बाद तो लघु-ग्रह बड़ी तेज़ी से खोजे जाने लगे।

वोल्फ का तरीका कैमरे से संबंधित था। आकाश के किसी स्थान की ओर यदि कैमरे का 'शटर' खोलकर कुछ समय के लिए छोड़ दिया जाए तो इनका मार्ग एक स्पष्ट लकीर के रूप में दिखाई देगा, क्योंकि लघु-ग्रह तारों के सापेक्ष अपनी स्थिति बदलते रहते हैं।

वोल्फ के इस तरीके से लघु-ग्रहों की संख्या बड़ी तेजी से बढ़ने लगी। स्वयं वोल्फ ने 100 लघु ग्रह खोज निकाले। आज तक लगभग 6,000 लघु-ग्रहों का पता चला है और 1600 के भ्रमण-मार्ग की पूर्ण जानकारी प्राप्त हो चुकी है।

अधिकांश लघु-ग्रह काफी छोटे हैं, थोड़े-से ही लगभग 100 मील व्यास के होंगे। सभी वायुरहित और निर्जीव हैं। कुछ तो गोल चट्टानी टुकड़ों के रूप में हैं। एक या दो के भ्रमण-मार्ग कुछ अजीब-से हैं। 'पालासा' का भ्रमण-मार्ग सौर-मंडल समतल से 35 अंश का कोण बनाता है; 'नं. 79-थूले' सूर्य से औसतन 40,00,00,000 मील की दूरी पर परिक्रमा करता है; सैरस 25,70,00,000 मील की दूरी पर परिक्रमा करता है। केवल 'वेस्ता' ही एक ऐसा लघु-ग्रह है जिसे आप

कभी-कभी नग्न आंखों से देख सकते हैं, बशर्ते कि उसकी स्थिति को आप पहले से जानते हों।

पिछली शताब्दी के अंतिम चरण में खगोलविदों को यह पता चला कि ये लघु-ग्रह कुछ वर्ग-समूहों में सूर्य की परिक्रमा करते हैं। इसका कारण था बृहस्पति की अत्यधिक गुरुत्वाकर्षण-शक्ति। लेकिन लगभग सभी ग्रह मंगल और बृहस्पति के बीच में ही रहकर सूर्य की परिक्रमा करते थे। एक अपवाद था 'इरोस' लघु-ग्रह। इसकी खोज बर्लिन के विट नामक वैज्ञानिक ने सन् 1898 में की थी।

इरोस का भ्रमण-मार्ग इतना दीर्घ-वृत्ताकार है कि यह सूर्य के काफी निकट चला आता है—मंगल के भी भीतर। कभी-कभी यह पृथ्वी के निकट भी चला आता है और ऐसे समय पृथ्वी से इसकी दूरी केवल 1,40,00,000 मील रह जाती है। सन् 1931 में इरोस पृथ्वी के निकट आया था। इसके बाद 1975 में यह निकट आया।

इरोस की इस निकटता का एक उपयोग भी है। निकट आने पर खगोलविद् इसकी दूरी ठीक-ठीक निकाल सकते हैं और तब इसके आधार पर अन्य सौर-मंडलीय दूरियां निकाली जा सकती हैं, विशेषकर पृथ्वी-सूर्य दूरी। इंग्लैंड के भूतपूर्व राजकीय खगोलविद् सर हेराल्ड स्पेंसर जोंस ने 1931 में इरोस के सैकड़ों फोटो लिए और हिसाब लगाकर उन्होंने पृथ्वी से सूर्य की दूरी निकाली—9,30,03,000 मील।

इरोस अपनी गति में ही नहीं, अपने-आप में भी कुछ अजीब-सा है। सन् 1931 के अध्ययन से पता चला कि इसका प्रकाश तेज़ और मन्द होता रहता है। खगोलविदों ने इसका कारण यह बताया है कि इरोस का आकार गोल नहीं, कुछ चपटा-सा है। इसकी लंबाई 15 मील है और चौड़ाई 4 मील। यह अपनी छोटी धुरी पर चक्कर लगाता रहता है।

सन् 1911 में वियेना में पालिसा ने एक लघु-ग्रह का पता लगाया। इसका नं. 719 था और इसका नाम रखा गया एल्बर्ट। यह हमारे 2,00,00,000 मील निकट आ सकता था। इसका व्यास केवल 3 मील का है और 1911 के बाद यह फिर दिखाई नहीं दिया।

बेल्जियम के खगोलविद् डेपोर्टे ने 'नं. 1221—आमोर' लघु-ग्रह का पता लगाया। यह पांच मील व्यास का था—लगभग मंगल के उपग्रह डाइमोस के आकार का। यह पृथ्वी के 1,00,00,000 मील निकट आया था और तब गणितज्ञों ने इसकी गति का ठीक-ठीक हिसाब लगाया था। इसका 'वर्ष' हमारे 975 दिन के बराबर है। सन् 1940 में यह फिर देखा गया।

हाइडेलबर्ग के राइनमूथ नामक वैज्ञानिक ने सन् 1932 में एपोलो नामक लघु-ग्रह का पता लगाया। यह पृथ्वी के 70,00,000 मील निकट आ सकता है। एलबर्ट

की तरह आज एपोलो भी गायब हो गया है। 1936 में डेपोर्टे ने 'एडोनिस' का पता लगाया। पृथ्वी से इसकी न्यूनतम दूरी केवल 13,30,000 मील है। 1937 में राइनमूथ ने एक लघु-ग्रह का पता लगाया और इसका नाम हेर्मेस रखा गया। इसका व्यास केवल एक मील है। यह पृथ्वी के 4,80,000 मील निकट आया था। यह दूरी पृथ्वी-चंद्र दूरी की लगभग दुगुनी है। यह लघु-ग्रह पृथ्वी के और भी निकट आ सकता है और कभी-कभी पृथ्वी और चंद्र के बीच से गुजर सकता है।

यदि कोई लघु-ग्रह पृथ्वी से टकरा जाए तो बहुत ही क्षति पहुंच सकती है। सन् 1908 में लगभग 1000 फीट व्यास का एक विशाल उल्का-पत्थर साइबेरिया के जंगल में गिरा था। केवल नाम-मात्र का अंतर है, अन्यथा बड़े उल्का-पत्थर में और लघु-ग्रह में कोई खास फर्क नहीं है। जनवरी 1938 में जब हेर्मेस पृथ्वी के निकट आया था तो समाचार-जगत् में एक सनसनी फैल गई थी। यह सच है कि हेर्मेस पृथ्वी के काफी निकट आ गया था, परंतु खतरे की कोई बात नहीं थी। आज हेर्मेस गायब हो गया है; किसी दिन यह पुनः खोज निकाला जाएगा।

बहुत वर्षों तक थूले को दूरस्थ लघु-ग्रह माना गया था, परंतु सन् 1908 में मैक्स ओटो ने 'नं. 588–एचिलेस' का पता लगाया। यह थूले से भी दूर था। यह लगभग बृहस्पति के ही भ्रमण-मार्ग में घूमता दिखाई देता है।

एचिलेस के बाद बृहस्पति के मार्ग में और एक लघु-ग्रह का पता चला। इसका नाम रखा गया पेट्रोक्लेस। इसी समूह में और कई लघु-ग्रहों का पता चला है जिनके नाम होमर कथानक के आधार पर रखे गए हैं और सबको मिलाकर 'ट्रोजेनस' का नाम दे दिया गया है। एचिलेस के छह साथी हैं और पेट्रोक्लेस के चार।

पहले यह विश्वास था कि ट्रोजन लघु-ग्रहों के बाहर और कोई लघु-ग्रह नहीं है, परंतु 1920 में बोडे ने 'हिडाल्गो' नामक एक नए लघु-ग्रह का पता लगाया। यह लघु-ग्रह ट्रोजन-वर्ग का नहीं था। इसका भ्रमण-मार्ग कुछ विचित्र था। इसका भ्रमण-मार्ग मंगल से लेकर शनि तक फैला हुआ था। इसका 'वर्ष' हमारे 14 वर्ष के बराबर है और भ्रमण-मार्ग इतना दीर्घ-वृत्ताकार है कि जैसे यह कोई धूमकेतु हो।

इन लघु-ग्रहों की उत्पत्ति के संबंध में ओल्बेर ने एक सिद्धांत प्रस्तुत किया था। इस सिद्धांत के अनुसार मंगल और बृहस्पति के बीच आरंभ में एक ग्रह था जो सूर्य की परिक्रमा करता था। अनेक वर्षों तक ओल्बेर के सिद्धांत को कोई मान्यता नहीं मिली, परंतु आजकल वैज्ञानिक पुनः इस मत की ओर झुक रहे हैं। हॉलैंड के ओर्ट नामक वैज्ञानिक का मत है कि किसी कारण इस ग्रह में विस्फोट हो गया और इसके टुकड़े-टुकड़े हो गए। जिनका भ्रमण-मार्ग लगभग वृत्ताकार था वे लघु-ग्रह बन गए और जिनका मार्ग अधिक दीर्घ-वृत्ताकार था वे धूमकेतु बन गए।

बोडे महाशय ने जून 1949 में एक अद्‌भुत लघु-ग्रह का पता लगाया। इसका नाम 'इकारस' था। यूनानी पौराणिक कथाओं में डाइडेलाउस की एक कथा है। डाइडेलाउस को राजद्रोह के दंड में जेल में डाल दिया गया। साथ में उसका पुत्र इकारस भी था। पिता ने पुत्र की जान बचाने के लिए इकारस के कंधों पर मोम से बड़े-बड़े पंख चिपका दिए। इकारस आकाश में उड़ गया और सूर्य के इतने नज़दीक चला गया कि सूर्य की गरमी से मोम पिघल गया और समुद्र में गिरकर उसकी मृत्यु हो गई।

1949 में इकारस पृथ्वी से 80,00,000 मील पर था। यह 40,00,000 मील के भीतर कभी नहीं आ सकता। परंतु सूर्य के निकटतम जाने वाला यही 'ग्रह' है। निकटतम रहने पर सूर्य से इसकी दूरी केवल 1,90,00,000 मील रह जाती है, अत: यह बुध से भी सूर्य के अधिक निकट है। सूर्य से इसकी अधिकतम दूरी 18,30,00,000 मील है–मंगल के काफी बाहर तक 'दीर्घ-वृत्ताकार मार्ग के साथ-साथ इसका भ्रमण-मार्ग सौर-मंडलीय-समतल से काफी झुका है, अत: इकारस पृथ्वी के भ्रमण-मार्ग को कभी नहीं काट सकता।

इकारस केवल एक मील व्यास का है। जब यह सूर्य के निकट पहुंचता है तो अत्यधिक गरम हो जाता होगा और जब दूर रहता है तो बेहद ठंडा रहता होगा।

सन् 1950 में और एक लघु-ग्रह का पता लगा। यह पृथ्वी के 90,00,000 किलोमीटर निकट पहुंच गया था। सन् 1948 और 49 के बीच ऐसे चार लघु-ग्रहों को खोजा गया था जो फोटो में उल्का-पत्थर जैसे दीखते थे। ये इतने छोटे होते हैं कि बड़ी-से-बड़ी दूरबीन इनको खोज निकालने में असमर्थ है। पृथ्वी के निकट आने पर ही इनको खोजा जा सकता है।

बृहस्पति

लघु-ग्रहों के बाद सौर-मंडल के सबसे विशाल ग्रह बृहस्पति का स्थान है। सूर्य से इसकी दूरी लगभग 50,00,00,000 मील है। बृहस्पति इतना विशाल है कि इसका आकार सौर-परिवार के शेष सभी ग्रहों के कुल आकार के दुगुने से भी कुछ अधिक होगा। बृहस्पति पृथ्वी से 1312 गुना बड़ा है। पृथ्वी का व्यास 79,27 मील है, जब कि बृहस्पति का 86,070 मील है। बृहस्पति का विषुववृत्तीय व्यास 88,700 मील है—पृथ्वी के विषुववृत्तीय व्यास का 11 गुना। परंतु दूरबीन से देखने पर इसके ध्रुव प्रदेशों का चपटापन स्पष्ट हो जाएगा। बृहस्पति का ध्रुवीय व्यास 82,800 मील है। इसका एक सरल-सा कारण है। यद्यपि बृहस्पति सौर-मंडल का सबसे बड़ा ग्रह है, किंतु इसकी धुरी-गति बहुत ही तेज़ है। हमारे दस घंटों में यह अपनी धुरी पर एक चक्कर लगा लेता है। इस हिसाब से बृहस्पति का विषुववृत्तीय प्रदेश प्रति घंटे 25,000 मील की गति से घूमता है। पृथ्वी का विषुववृत्तीय प्रदेश प्रति घंटे 1000 मील की गति से घूमता है। इस हिसाब से बृहस्पति की गति 25 गुना तेज़ है। अत: भारी शरीर और तेज़ गति के कारण बृहस्पति महाराज का पेट फूल गया है और तोंद निकल आई है।

यद्यपि बृहस्पति हमसे काफी दूर है, फिर भी यह ग्रह काफी चमकीला दिखाई देता है। शुक्र (और कभी-कभी मंगल) के बाद बृहस्पति सौर-मंडल का सबसे चमकीला ग्रह है। बृहस्पति प्रति सेकंड 8 मील की गति से सूर्य की प्रदक्षिणा करता है। उसका 'वर्ष' हमारे लगभग बारह (11.86) वर्षों के बराबर है। हर बारहवें साल बृहस्पति जब सिंह राशि में आता है, उस वर्ष को 'सिंहस्थ-वर्ष' कहा जाता है।

यूनानियों ने विशालता के कारण इस ग्रह का नाम देवताओं के राजा के नाम पर 'जुपिटर' रखा था। भारत के वैदिक-कालीन आर्यों को भी बृहस्पति का ज्ञान था। 'तैत्तिरीय-ब्राह्मण' में बृहस्पति के 'जन्म' का उल्लेख है—बृहस्पतिः प्रथमं जायमान:। तिष्यं नक्षत्रमभिसंबभूव॥ अर्थात् 'बृहस्पति प्रथम प्रकट हुआ। वह तिष्य (=पुष्य) नक्षत्र के निकट था।'

दीक्षितजी ने अपने ग्रंथ 'भारतीय ज्योतिष' में इसका अर्थ लगाया है कि कभी पुष्य नक्षत्र बृहस्पति ग्रह की ओट हो गया होगा और आधुनिक ज्योतिष बताता है कि यह संभव है। दो-तीन घंटों के बाद बृहस्पति जब पुष्य से पृथक् हुआ होगा तो लोगों ने समझा होगा कि बृहस्पति का जन्म हुआ। तब बृहस्पति पुष्य के समीप रहा होगा।

महाभारत में भी बृहस्पति का उल्लेख है—'व्यासजी ने धृतराष्ट्र से कहा कि हे राजन! कार्तिकी के बाद संग्राम आरंभ होगा, क्योंकि उस समय...मघा पर मंगल तथा श्रवण पर बृहस्पति वक्र होंगे...।'

वायुमंडल—बृहस्पति के विषुववृत्तीय उभार से पता चलता है कि इस ग्रह का घनत्व काफी कम है। दूरबीन-परीक्षण से भी यह बात सिद्ध होती है। बृहस्पति का हाल भी शुक्र के समान ही है। हम इस ग्रह के पर्वत, पहाड़, मरुस्थल आदि को नहीं देख सकते। हम जो देखते हैं वे हैं इसके ऊपर के घने बादल। परंतु शुक्र और बृहस्पति के वायुमंडल में एक भेद है। शुक्र का वायुमंडल अंडे के बाहरी छिलके के समान ही है, परंतु तुलना में बृहस्पति का 'वायुमंडल' बहुत ही घना है।

वास्तव में बृहस्पति की बाहरी परत को 'वायुमंडल' का नाम देना ठीक नहीं लगता। हम इस परत को मुख्य ग्रह का ही एक अंग मान सकते हैं। बृहस्पति का औसत घनत्व पृथ्वी के घनत्व का चौथाई और पानी के घनत्व का $1\frac{1}{3}$ गुना ही है। परंतु इसकी पदार्थ-राशि पृथ्वी की 317 गुना है। अत: अपनी उच्च आकर्षण-शक्ति के कारण यह लघु-ग्रह धूमकेतु और अन्य ग्रहों को बहुत प्रभावित करता है।

बृहस्पति के बादल शुक्र और पृथ्वी के बादलों से भिन्न हैं। बृहस्पति का 'वायुमंडल' अधिकांशत: हाइड्रोजन से बना है और रश्मिवर्ण विश्लेषक से किए गए परीक्षणों से यह बात सिद्ध हो जाती है कि वायुमंडल के हाइड्रोजन-युक्त पदार्थों में एमोनिया और मीथेन की प्रधानता है। एमोनिया की गंध से लोग परिचित ही होंगे। मीथेन गैस कोयले की खानों में पाई जाती है और यह बहुत ही खतरनाक गैस समझी जाती है। अत: बृहस्पति पर पृथ्वी के मानव के लिए अनुकूल वातावरण नहीं है।

एमोनिया हाइड्रोजन और नाइट्रोजन से बनती है; मीथेन हाइड्रोजन और कार्बन से बनती है। हम जानते हैं कि विश्व में हाइड्रोजन बहुतायत में पाई जाती है और पृथ्वी व बृहस्पति पर भी पर्याप्त मात्रा में हाइड्रोजन थी। पृथ्वी की हाइड्रोजन तो उड़ गई, परंतु अधिक आकर्षण-शक्ति के कारण बृहस्पति पर हाइड्रोजन अभी भी टिकी हुई है। बृहस्पति पर स्वतंत्र रूप से आक्सीजन नहीं मिलती। ऐसा लगता है कि आरंभिक आक्सीजन हाइड्रोजन के साथ मिलकर पानी बन गई है और इस समय वायुमंडल के नीचे बृहस्पति के धरातल पर बरफ के 'सागर' हैं।

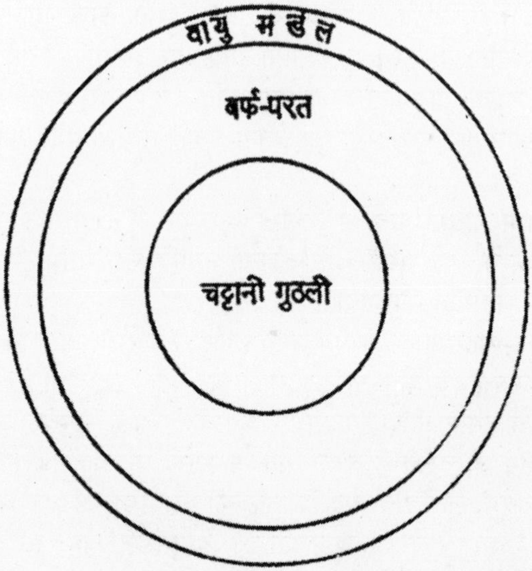

बृहस्पति : विल्ड्ट के अनुसार

बृहस्पति के ऊपरी गैस–बादलों के नीचे हम कुछ भी नहीं देख सकते, अतः इस ग्रह की भीतरी परिस्थितियों के बारे में हम केवल अनुमान मात्र लगा सकते हैं। अमरीका के आर.आर. विल्ड्ट महाशय के अनुसार, बृहस्पति की बनावट सामने की आकृति के समान है।

बृहस्पति के केंद्र में 37,000 मील व्यास की चट्टानी धातुओं की एक 'गुठली' है। इसके ऊपर 17,000 मील मोटी हिम–परत है और इसके भी ऊपर एमोनिया–हाइड्रोजन–मीथेन का 8,000 मील मोटा वायुमंडल है।

यदि विल्ड्ट–मॉडल सही है, तो बृहस्पति पर वायुमंडल के नीचे अजीब परिस्थिति होगी। दबाव की मात्रा अत्यधिक होगी और ऊपरी तापमान शून्य के नीचे लगभग 200 डिग्री फारेनहाइट होगा। इतने कम तापमान पर एमोनिया भी जम जाती है, अतः वायुमंडल के बादल एमोनिया–स्फटिकों के बने हुए होंगे।

कुछ वर्ष पूर्व तक वैज्ञानिकों का यह विश्वास था कि बृहस्पति पूर्ण रूप से सूर्य–प्रकाश पर निर्भर नहीं है, इसका अपना भी प्रकाश है। रैमज़े का मत है कि बृहस्पति की गुठली का तापमान 10,000 डिग्री सेंटीग्रेड से अधिक नहीं है और यह तापमान बाहर की परतों को प्रभावित करने के लिए पर्याप्त नहीं है। रैमज़े विल्ड्ट के मॉडल से सहमत नहीं हैं। उनका मत है कि बृहस्पति में हाइड्रोजन अत्यधिक मात्रा में है–80 प्रतिशत।

आज रैमज़े और विल्ड्ट मॉडलों में से एक का चुनाव करना कठिन है। इतनी बात सच है कि बृहस्पति और पृथ्वी की रचना भिन्न-भिन्न ढंग से हुई है। अत: बृहस्पति पर हम पृथ्वी जैसे जीव-जगत् की आशा नहीं रख सकते।

शुक्र और बृहस्पति के बादलों में एक और अंतर है। शुक्र के बादलों पर किसी प्रकार के चिह्न आदि नहीं दीखते, परंतु बृहस्पति के बादल अनेकानेक चिह्नों से भरे हुए हैं। बृहस्पति के ये चिह्न बदलते रहते हैं और छोटी-सी दूरबीन से भी आप इन्हें स्पष्ट देख सकते हैं। बृहस्पति पर सबसे अधिक स्पष्ट दिखाई देने वाली चीज़ है इसके ऊपर के बादलों के लगभग समानांतर काले-सफ़ेद पट्टे। लेकिन यदि गहराई से इनका परीक्षण किया जाए तो पता चलेगा कि ये वास्तव में समानांतर नहीं हैं, इनमें काफी वक्रता है, कई गुंडियां हैं। उत्तरी विषुववृत्तीय-कटिबंध कुछ अधिक चौड़ा दीखता है। इन कटिबंधों की चौड़ाई घटती-बढ़ती रहती है।

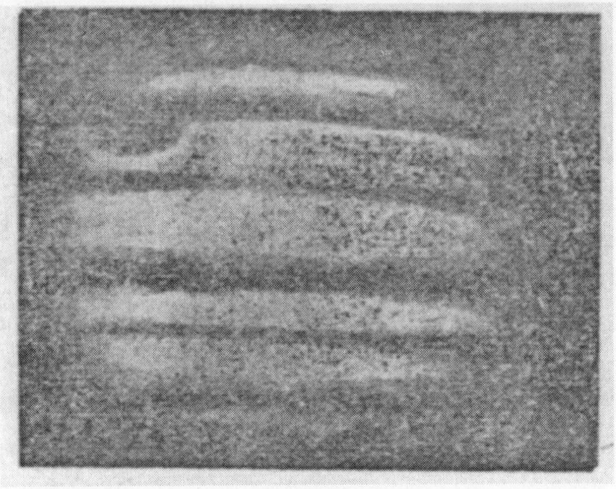

बृहस्पति के पट्टे

बृहस्पति के निशान क्षणिक हैं, फिर भी वे दो-तीन दिन तक स्थायी बने रहते हैं। इनके अध्ययन से हम बृहस्पति की धुरी-गति निकाल सकते हैं। यह बहुत ही कम है—पौने दस घंटे, परंतु यह शुद्ध संख्या नहीं हो सकती, क्योंकि बृहस्पति के भिन्न पट्टे भिन्न गति से घूमते हैं।

बृहस्पति का लाल धब्बा—बृहस्पति के धरातल पर कई धब्बे हैं, परंतु इनमें सबसे अधिक महत्त्वपूर्ण है 'लाल धब्बा'। इसकी आयु काफी लंबी है। सन् 1878 ई. में यह स्पष्ट दिखाई देता था और तब से आज तक यह बना हुआ है। सन् 1831

के बृहस्पति के नक्शों में इसका उल्लेख मिलता है और इसके भी पहले 1664 के हूके के नक़्शे में इस धब्बे के लिए निशान मिलता है। इन तीन सौ वर्षों में यह धब्बा अपना रूप-रंग काफी बदलता रहा है। यह अंडाकार है। लंबाई 30,000 मील है और चौड़ाई 7,000 मील। अतः इसका क्षेत्रफल लगभग पृथ्वी के क्षेत्रफल के बराबर है। सन् 1890 के बाद यह धब्बा कुछ मंद पड़ गया था, परंतु सन् 1957 में यह पुनः गहरा हो गया था।

कई वैज्ञानिकों का अनुमान है कि बृहस्पति का यह विशाल लाल धब्बा इस ग्रह का एक ज्वालामुखी है और यह मेघ-मंडल से ऊपर उठा हुआ है। लेकिन यह देखा गया है कि बृहस्पति का यह धब्बा एक जगह पर स्थिर नहीं है; यह 20,000 मील तक इधर-उधर सरकता रहता है। संभवतः यह धब्बा इस ग्रह के वायुमंडल में तैरता हुआ कोई अर्ध-सघन पिंड या पिंड-समूह हो। इस आधार पर हम इसके बदलते हुए रूप-रंग को भी समझ सकते हैं। जब यह वायुमंडल में कुछ नीचे की ओर चला जाता है तो मंद दिखाई देता है और जब ऊपर आता है तो अधिक स्पष्ट दिखाई देता है।

लाल धब्बे के अलावा बृहस्पति पर और भी कई तरह के अद्‌भुत दृश्य दिखाई देते हैं। सन् 1930 से '34 के बीच खगोलविदों ने दक्षिण-कटिबंध में कुछ ऐसे धब्बे देखे जो भंवर की तरह चक्कर लगा रहे थे। दक्षिण-विषुववृत्तीय-कटिबंध में कई जगह पर ज़ोर की तूफानी खलबली देखी गई है।

बृहस्पति की रेडियो-तरंगें–कुछ वर्ष पूर्व तक वैज्ञानिकों की यह धारणा थी कि रेडियो-तरंगें, सौर-मंडल के बाहर, केवल नक्षत्रों से ही आती हैं। परंतु जब जनवरी 1955 में कार्नेगी इंस्टीट्यूट, वाशिंगटन के बर्क व फ्रैंकलिन नामक वैज्ञानिकों ने बृहस्पति से भी ये तरंगें आती देखीं तो उनके आश्चर्य का ठिकाना न रहा। पहले तो उन्होंने अपने प्रयोगों पर ही विश्वास नहीं किया। यह भी तो हो सकता था कि पृथ्वी और किसी 'रेडियो-नक्षत्र' के बीच बृहस्पति चला आया हो। परंतु बाद में किए गए कई परीक्षणों से यह स्पष्ट हो गया कि इन रेडियो-तरंगों का स्रोत बृहस्पति ही है।

इस खोज का समाचार सुनकर सिडनी (ऑस्ट्रेलिया) के सी.ए. शैन ने इस दिशा में गहरी खोज आरंभ की। पहला काम तो उन्होंने यह किया कि पहले के सब रिकॉर्ड खोज डाले। सन् 1950-51 में रिकॉर्ड की गई उन्हें कुछ ऐसी रेडियो-तरंगें मिलीं जो वास्तव में बृहस्पति में आई हुई थीं।

शैन ने अपनी खोजों से निष्कर्ष निकाला कि रेडियो-तरंगें बृहस्पति की एक खास जगह से आती हैं। जिस जगह से अधिक रेडियो-तरंगें आती हैं, वह जगह अवश्य अधिक अस्थिर होनी चाहिए। शैन ने पता लगाया कि ये रेडियो-तरंगें

अधिकतर दक्षिणी कटिबंध से आती हैं। इस कटिबंध में तीन सफ़ेद धब्बे हैं और उन्हीं से ये तरंगें आती हैं। लाल धब्बे से भी रेडियो-तरंगें आती हैं। सन् 1956 में प्रकाशित ए.एफ. ओंडी अलेक्ज़ेंडर की खोज से पता चलता है कि लाल धब्बा जब सफ़ेद धब्बों के निकट आता है तो रेडियो-तरंगें बढ़ जाती हैं।

इन रेडियो-तरंगों का कारण वैज्ञानिक अभी तक नहीं समझ पाए हैं। अनुमान है कि इन जगहों पर कुछ 'तूफानी' परिस्थिति की प्रधानता होनी चाहिए।

बृहस्पति के चंद्रमा–पृथ्वी की तरह ही बृहस्पति के भी चंद्रमा हैं, एक-दो नहीं, पूरे बारह। दूरबीन के आविष्कार के कुछ दिनों बाद ही, जनवरी 1610 में गैलीलियो ने बृहस्पति का चक्कर लगाते हुए चार चंद्रमा अपनी दूरबीन से देखे थे। सिमोन मारिस ने भी, जो कि गैलीलियो के समकालीन थे, इन चंद्रमाओं को देखा था और उन्होंने ही इनका नामकरण किया–आइओ, यूरोपा, ग्यानीमेडे और कालिस्टो।

बृहस्पति के ये चार चंद्रमा छोटी दूरबीन की सहायता से भी देखे जा सकते हैं। इससे पता चलता है कि ये आकार में काफी बड़े होने चाहिए। आइओ का व्यास 2,310 मील है, यूरोपा का 1950 मील, ग्यानीमेडे का 3,200 मील और कालिस्टो का 3,220 मील। पृथ्वी के चंद्रमा का व्यास 2160 मील है। अत: आइओ लगभग हमारे चंद्रमा के आकार का है, ग्यानीमेडे और कालिस्टो काफी बड़े हैं और यूरोपा कुछ छोटा है। ग्यानीमेडे और कालिस्टो तो बुध ग्रह से भी बड़े हैं (बुध का व्यास 3100 मील है)।

इन चार 'गैलीलियन-चंद्रमाओं' के कारण बृहस्पति पर अजीब दृश्य दिखाई देते हैं। कभी-कभी ये बृहस्पति की छाया में चले आते हैं, तो कभी-कभी इस ग्रह के पृष्ठ पर से गुज़रते हैं। कभी-कभी तो ऐसा भी होता है कि किसी चंद्र की छाया बृहस्पति पर रहती है और यह चंद्र बृहस्पति से काफी दूरी पर रहता है।

आइओ बृहस्पति का सबसे निकट का उपग्रह है। बृहस्पति से इसकी दूरी, 2,62,000 मील है। यद्यपि यह पृथ्वी के चंद्रमा से आकार में कुछ छोटा है, परंतु इसकी पदार्थ-राशि अधिक है। इसका 'विपलायन-वेग' $1\frac{1}{3}$ मील प्रति सेकंड है। यह उपग्रह अपने ग्रह बृहस्पति का केवल 1 दिन $18\frac{1}{2}$ घंटों में चक्कर लगाता है और वैज्ञानिकों का अनुमान है कि इसकी धुरी-गति–इसका 'दिन'–भी इतने ही समय का है। अत: हमारे चंद्र की तरह यह भी बृहस्पति की ओर सतत अपना एक ही गोलार्द्ध बनाए रखता है। बहुत संभव है कि बृहस्पति के अन्य उपग्रहों का भी यही हाल हो।

आइयो का घनत्व पृथ्वी के चंद्रमा से अधिक है। कुइपेर का मत है कि इस उपग्रह में धातुओं की अधिकता है। इस पर से सूर्य-प्रकाश काफी मात्रा में

प्रतिबिंबित होता है और संभवतः इसके धरातल और ऑक्साइड का धुआं फैला हुआ हो। बड़ी दूरबीन की सहायता से इसके गोले पर कुछ धब्बे भी दिखाई देते हैं और यह विषुववृत्तीय प्रदेश कुछ अधिक चमकीला दिखाई देता है। हो सकता है कि इसके ऊपर पतला-सा वायुमंडल भी हो।

बृहस्पति का दूसरा उपग्रह यूरोपा है। यह आइओ से छोटा है। इसके धरातल से लगभग 75 प्रतिशत प्रकाश प्रतिबिंबित होता है। अतः इसका धरातल कुछ ऐसे पदार्थों से बना हुआ होना चाहिए जो सूर्य-प्रकाश में बहुत चमकता हो। इसका परिणाम यह है कि इस उपग्रह के भीतर बहुत कम गरमी पहुंच पाती है। अतः इसका धरातल बहुत ही ठंडा होना चाहिए—संभवतः बृहस्पति से भी अधिक ठंडा। यूरोपा पर भी कुछ धब्बे दीखते हैं। इसका विषुववृत्तीय पट्टा कुछ काला है, परंतु ध्रुव-प्रदेश अपेक्षाकृत कुछ चमकीले दिखाई देते हैं।

ग्यानीमेडे का तीसरा नंबर है। अपने आकार के ख़याल से इसकी पदार्थ-राशि बहुत कम है। आकार में तो यह एक ग्रह मालूम होता है, परंतु तौल में यह एक उपग्रह ही है। इसका 'विपलायन-वेग' पौने दो मील प्रति सेकंड है। दूरबीन से देखने पर यह उपग्रह पीले रंग का दिखाई देता है और बड़ी दूरबीन से देखने पर इसके ऊपर कुछ धब्बे भी दिखाई दे सकते हैं। पीक द मिंडी वेधशाला के लॉयट और उनके सहयोगियों ने ग्यानीमेडे का एक नक़्शा तैयार किया है, जो लगभग मंगल के मानचित्र जैसा ही है। परंतु केवल इससे हम ग्यानीमेडे पर वनस्पति होने की कल्पना नहीं कर सकते। ग्यानीमेडे पर वायुमंडल का अभाव है। यह एक शीत-संसार है। इसका घनत्व पानी से दुगुना है।

बृहस्पति का अंतिम चंद्रमा कालिस्टो सबसे बड़ा है, लेकिन सबसे कम वज़नी है। इसका तौल हमारे चंद्रमा के लगभग आधा ही है। इसका घनत्व पानी से थोड़ा-सा ही अधिक है और 'विपलायन-वेग' एक मील प्रति सेकंड है। अतः यह उपग्रह तीनों उपग्रहों से काफी भिन्न है। इतना ही नहीं, इसका रंग भी स्थायी नहीं है—यह कभी नीला, तो कभी भूरा और पीला दिखाई देता है। इससे पता चलता है कि इस उपग्रह की पदार्थ-रचना ज़रूर कुछ विचित्र है।

बृहस्पति से कालिस्टो की दूरी 10,00,000 मील से कुछ अधिक ही है। यह $16\frac{1}{2}$ दिन में बृहस्पति का एक चक्कर लगाता है और संभवतः अपना एक ही गोलार्द्ध सतत इसकी ओर बनाए रखता है। इसका कम घनत्व खगोलविदों के लिए अभी तक एक पहेली है। कुछ खगोलविदों का अनुमान है कि कालिस्टो एक प्रकार का 'बरफ का गेंद' है और इसकी 'गुठली' हलके पदार्थों से बनी हुई है। कम विपलायन-वेग होने के कारण इस उपग्रह पर वायुमंडल होने की कोई आशा नहीं है।

बृहस्पति के इन उपग्रहों का ऐतिहासिक महत्त्व भी है। इन उपग्रहों के ग्रहणों के आधार पर ही सन् 1675 में डेनिश खगोलशास्त्री ओलाउस रोमर ने सर्वप्रथम प्रकाश की गति निश्चित की थी। उसने देखा कि गणित के हिसाब से पूर्व-निर्धारित ग्रहण ठीक समय पर नहीं होते। बृहस्पति जब पृथ्वी से निकटतम होता है, ग्रहण कुछ पहले ही हो जाते हैं और जब बृहस्पति हमसे दूरस्थ होता है, ग्रहण कुछ देर से होते हैं। इससे रोमर ने यह तात्पर्य निकाला कि बृहस्पति जब हमसे दूर होता है, प्रकाश को हम तक पहुंचने में अधिक समय लगता है। गणितीय हिसाब द्वारा उसने प्रकाश का वेग निकाला–1,86,000 मील प्रति सेकंड।

बृहस्पति के कुल चंद्रमाओं की संख्या बारह है। चार चंद्रमाओं की चर्चा तो हम ऊपर कर चुके हैं। शेष आठ आकार में बहुत ही छोटे हैं और बड़ी दूरबीन की सहायता से ही देखे जा सकते हैं। पांचवें का नाम 'एमल्थिया' रखा गया है, परंतु शेष उपग्रह अभी तक बिना नाम के ही हैं। एमल्थिया की खोज सन् 1892 में बर्नार्ड ने की थी। यह बृहस्पति के केंद्र से 1,12,000 मील दूर है। इसका व्यास केवल 150 मील है और इसकी अक्षगति 12 घंटे की है।

शेष सात लघु उपग्रहों को दो भागों में विभाजित किया गया है–छठा, सातवां और आठवां मिलकर एक और नवां, दसवां, ग्यारहवां और बारहवां मिलकर एक। पहला समूह बृहस्पति से लगभग सत्तर लाख मील पर होगा और दूसरा 140 लाख मील की दूरी पर। ये सभी उपग्रह लघु आकार के हैं–छठा कोई 100 मील व्यास का होगा और शेष 40 मील से भी कम व्यास के। दूसरे समूह के उपग्रह विरुद्ध दिशा में परिक्रम करते हैं–पश्चिम से पूर्व की ओर।

बृहस्पति सौर-मंडल का सम्राट् ही नहीं, खगोल-शास्त्र की दृष्टि से भी इसका अधिक महत्त्व है। साधारण-सी दूरबीन से भी आप इसकी अनेक बातों का परीक्षण कर सकते हैं। अपने पट्टों और धब्बों के कारण यह सौर-मंडल का आश्चर्यजनक ग्रह है।

शनि

बृहस्पति के बाद शनि का स्थान है। कांतिहीन प्रकाश और मंद गति से सूर्य की परिक्रमा करने वाला यह ग्रह 'शनिश्चर' या 'शनै:चर' के नाम से प्रसिद्ध है। अधिकांश भारतीय इस ग्रह को अशुभ समझते हैं–इतना अशुभ कि यह जिस राशि में रहता है उसके आगे और पीछे की राशि को भी छेड़ता है। अत: यदि एक बार यह ग्रह आपकी राशि में पहुंच जाए तो साढ़े सात वर्ष तक फिर आपकी खैर नहीं।

लेकिन दूरबीन से इस ग्रह को देखने पर आपकी राय बदल जाएगी। अगर सौर–मंडल के सभी ग्रहों में कोई सुंदर तथा रमणीय ग्रह है, तो यह शनि ही है।

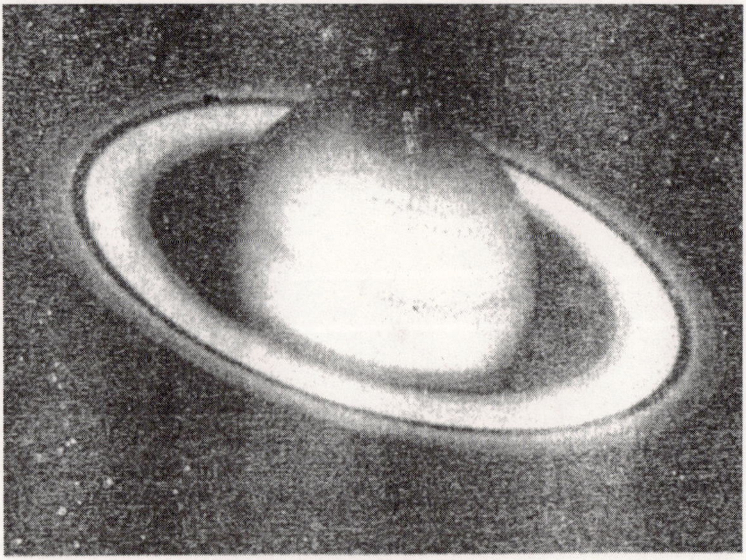

शनि और इसके खूबसूरत वलय

शनि की सुंदरता का कारण है उसके चारों ओर के वलय। बृहस्पति सौर-मंडल का सबसे विशाल ग्रह है, शुक्र और मंगल सबसे चमकीले हैं, परंतु शनि के तीन अद्‌भुत सुंदर वलय या कंकण उसे सौर-मंडल का सबसे आकर्षक ग्रह घोषित करते हैं।

अति प्राचीन काल से इस ग्रह का भी भारतीयों को ज्ञान रहा है। महाभारत के भीष्मपर्व में शनि का उल्लेख है–'...पूर्वा फाल्गुनी को पकड़कर शनि उसे पीड़ित करेगा...शनैश्चर विशाखा नक्षत्र के समीप वर्ष-भर तक रहेगा और ग्रहों की ये स्थितियां अत्यंत अनिष्टकारी हैं।'

आकार-प्रकार–शनि बृहस्पति से काफी छोटा है। इसका विषुववृत्तीय व्यास 75,000 मील और ध्रुवीय व्यास 67,000 मील है। सूर्य से इसकी औसत दूरी 88,60,00,000 मील है और मंद गति से यह हमारे 29.5 वर्षों में सूर्य की एक प्रदक्षिणा पूरी करता है। यह अपनी धुरी पर एक चक्कर 10 घंटे 12 मिनटों में लगा लेता है। अतः इसका अपना 'वर्ष' अपने 25,000 दिनों के बराबर होगा। पृथ्वी की तरह शनि के वर्ष को चंद्र-मास में विभाजित करने की कोई खास सुविधा नहीं है, क्योंकि इसके कोई एक नहीं, कम-से-कम 9 चंद्रमा हैं।

शनि आकार में केवल बृहस्पति से ही छोटा है; वैसे तो यह सौर-मंडल का दूसरा सबसे बड़ा ग्रह है। इसके गोले में हमारी 700 से अधिक पृथ्वियां समा सकती हैं। लेकिन जहां तक घनत्व का प्रश्न है, सौर-मंडल का यह सबसे कम घनत्व वाला ग्रह है। इसका घनत्व पानी से भी कम है, अतः यह पानी पर तैर सकता है। इसका तौल हमारी 95 पृथ्वियों के बराबर होगा। इसका 'विपलायन-वेग' 22 मील प्रति सेकंड का है। इसके धरातल पर गुरुत्वाकर्षण-शक्ति लगभग पृथ्वी के बराबर ही है। अतः संपूर्ण सौर-मंडल में शनि ही एक ऐसा ग्रह है जहां पर पृथ्वी का मानव कुछ आसानी से चल-फिर सकता है। रैमज़े का अनुमान है कि शनि का 80 प्रतिशत भाग हाइड्रोजन है और इसकी रचना लगभग बृहस्पति जैसी ही है।

शनि का तापमान बहुत ही कम है–शून्य के नीचे 240 डिग्री फारेनहाइट। अतः इसके वायुमंडल का अधिकांश एमोनिया जम गया है। इसके वायुमंडल में मीथेन का भी पता चलता है–बृहस्पति से भी अधिक मात्रा में। जहां तक काले-सफ़ेद पट्टों का प्रश्न है, बृहस्पति और शनि में काफी समानता है। शनि के पट्टे कुछ अधिक वक्राकार हैं और इसका विषुववृत्तीय पट्टा कुछ चमकीले दूधिया रंग का है। इस ग्रह के भी विभिन्न भाग अलग-अलग गति से चक्कर लगाते हैं। विषुववृत्तीय प्रदेश में 'दिन' 10 घंटे 14 मिनट का है, परंतु ध्रुव-प्रदेशों की ओर 20 मिनट दिन और बढ़ जाता है।

शनि के वलय–शनि की सबसे आश्चर्य की वस्तु हैं इसके वलय। छोटी-सी दूरबीन की सहायता से भी आप इन वलयों को देख सकते हैं। खगोलविदों को गैलीलियों के समय से ही इन वलय्रों का ज्ञान है। गैलीलियो ने ही सर्वप्रथम इन्हें देखा था–सन् 1609 में। सन् 1659 में प्रसिद्ध डच खगोलविद् क्रिस्टीयान हुइगेन ने एक 'पत्र-माला' प्रसारित की, जिसमें उन्होंने लिखा कि 'शनि' के चारों ओर एक पतली वलय है और यह कहीं भी अपने ग्रह को नहीं छूती और यह आयनिक-वृत्त से झुकी हुई है। आज हम जानते हैं कि शनि के इर्द-गिर्द एक नहीं, कम-से-कम तीन वलय हैं, संभवतः चार। इन वलयों को नीचे के चित्र में दिखाया गया है।

शनि (चित्र : एंटोनियाडी)

ये तीनों वलय मुख्य ग्रह से तथा एक-दूसरे से दूर-दूर हैं। सब मिलाकर, एक सिरे से दूसरे सिरे तक ये लगभग 1,70,000 मील चौड़े हैं। सबसे आखिरी 'वलय-क' 10,000 मील चौड़ा है। 'वलय-क' और 'वलय-ख' के बीच 1700 मील चौड़ी खाली जगह है। इसे 'कासीनी-विभाजन' (कासीनी डिवीज़न) कहते हैं। इसका पता इतालियन खगोलविद् कासीनी ने सन् 1675 में लगाया था। 'वलय-ख' 16,000 मील चौड़ा है तथा तीनों वलयों में अधिकतम तेजस्वी है। 'वलय-ख' और ग्रह के बीच और एक 'वलय-क' है। इसे 'क्रेपे-वलय' (क्रेपे-रिंग) या 'धुंधला वलय' भी कहते हैं। इसका पता अमरीका के बोंड और इंग्लैंड के डावेस नामक वैज्ञानिकों ने स्वतंत्र रूप से लगाया था। यह वलय इतना पतला और धुंधला है कि इसमें से शनि का पृष्ठ भाग दिखाई दे सकता है। क्रेपे वलय 10,000 मील चौड़ा है। इस वलय और ग्रह के बीच 9,000 मील चौड़ी खाली जगह है जिसमें हमारी पृथ्वी आसानी से समा सकती है।

कासीनी-विभाजक के अलावा वलय-क में भी एक विभाजक-वलय है। इसकी खोज जर्मन खगोलविद् एन्के ने की थी, अतः इसका नाम 'एन्के विभाजन' रखा गया। सन् 1952 में क्राग और केव नामक वैज्ञानिकों ने एक रिपोर्ट प्रकाशित की, जिसके अनुसार 'वलय-क' के बाद और एक वलय है। इस बाहर के वलय को इंग्लैंड के आर.एम. बौम ने भी 1952 में देखा था।

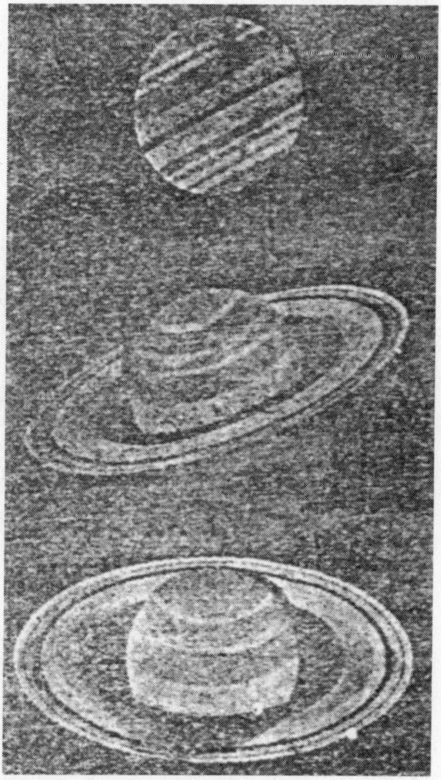

शनि के तीन रूप

इन वलयों की छाया मुख्य ग्रह पर देखी जा सकती है। और कुछ लोग तो इस छाया को ही ग्रह के काले-सफ़ेद पट्टे समझ लेने की भूल करते हैं। ये वलय अपनी चौड़ाई की तुलना में मोटे बहुत ही कम हैं। यह आश्चर्य की बात है कि शनि के इन वलयों की मोटाई कुल 10 मील भी नहीं है।

शनि के वलय हमेशा एक जैसे नहीं दिखाई देते। कभी-कभी उनकी सतह की चौड़ाई बहुत ज्यादा दिखाई देती है, तो कभी-कभी बिलकुल कम। जब ये वलय हमारी ओर किनारा किए होते हैं तो वे सब केवल एक रेखा जैसे नज़र आते हैं। लगभग हर 14 वर्ष बाद पृथ्वी इन वलयों के समतल से गुजरती है, तब ये वलय शनि पर एक केश-रेखा के रूप में दिखाई देते हैं। सन् 1951 में शनि चित्र के ऊपरी रूप जैसा दिखाई देता था। सन् 1958 में इसके वलय पूर्ण रूप से खुले हुए थे और सन् 1966 में शनि के ये वलय पुनः सन् 1951 जैसे हो जाएंगे।

शनि के वलयों के ये जो रूप बदलते रहते हैं उसका एक कारण है। वास्तव में शनि के ये वलय उसके विषुव-वृत्त पर हैं जो पृथ्वी के भ्रमण-मार्ग

से 27 अंश का कोण बनाता है। यही कारण है कि कभी हम शनि के वलयों को नीचे के चित्र में सन् 1949 और 1956 के बीच शनि के विभिन्न रूप दिखाए गए हैं।

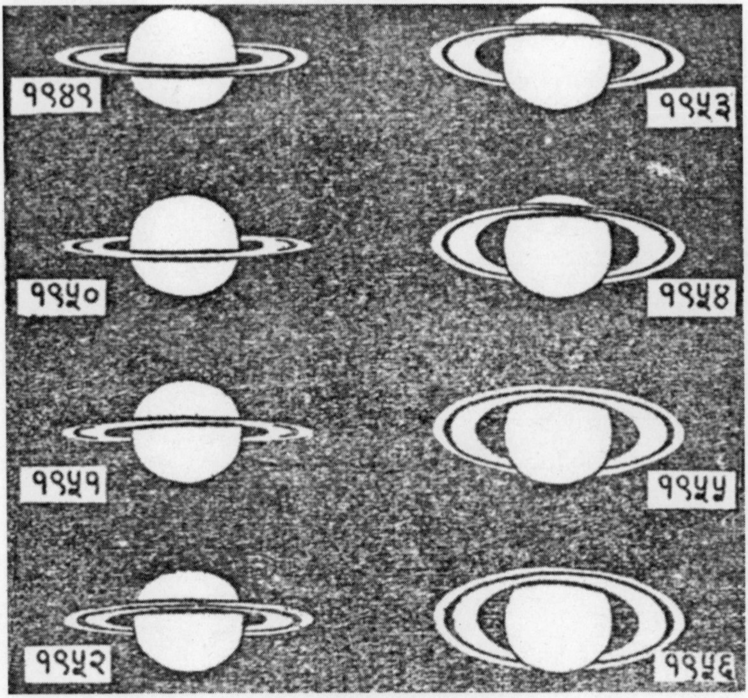

सन् 1949-56 के बीच शनि के वलयों के विभिन्न रूप
(चित्र : पेट्रिसिया कुलेन)

दूरबीन से देखने पर शनि के वलय 'क' और 'ख' सबसे अधिक चमकीले दिखाई देते हैं और यही कारण है कि पहले के खगोलविदों ने इन वलयों को ठोस या तरल समझ लिया था। परंतु सौ वर्ष पूर्व आंग्ल-गणितज्ञ क्लर्क मैक्सवेल ने यह सिद्ध कर दिखाया कि शनि के ये वलय ठोस या तरल नहीं हो सकते। शनि के ये वलय इस ग्रह की आकर्षण-शक्ति की एक 'खतरनाक-सीमा' में रहते हैं—इस सीमा को 'रोखे-सीमा' कहते हैं। यदि ये वलय ठोस या तरल रूप में होते तो ग्रह की अत्यधिक आकर्षण-शक्ति के कारण कभी के छिन्न-भिन्न हो जाते।

जे.जे. कासीनी (उपरोक्त कासीनी के पुत्र) का मत था कि ये वलय सघन नहीं हैं, परंतु छोटे-छोटे 'लघु-चंद्रों' से बने हुए हैं। ये छोटे-छोटे ठोस लघु-चंद्र स्वतंत्र रूप से एक-दूसरे से सटकर शनि की परिक्रमा करते हैं। अनेक वर्षों तक इस मत को मान्यता नहीं मिली, परंतु इधर के कुछ वर्षों से खगोलविद् पुनः कासीनी के सिद्धांत को महत्त्व देने लग गए हैं। कासीनी के सिद्धांत से इन वलयों की पारदर्शिता और विभिन्न वलयों की अलग-अलग गति को समझा जा सकता है।

शनि के इन 'लघु-चंद्रों' की हम मात्र कल्पना ही कर सकते हैं। वास्तव में ये बहुत ही छोटे आकार के हैं—संभवतः नींबू के आकार के। कुछ तो इससे भी छोटे हो सकते हैं। ये अधिक मात्रा में सूर्य-प्रकाश को प्रतिबिंबित करते हैं। जब ये वलय हमारी ओर पूर्ण रूप से खुले होते हैं तो मुख्य ग्रह की अपेक्षा ये अधिक चमकीले दिखाई देते हैं।

ये वलय किन पदार्थों से बने हैं, इस पर खगोलविद् अभी तक एकमत नहीं हैं। कुइपेर ने इन वलयों का रश्मिवर्ण-विश्लेषक यंत्र से अध्ययन किया है। उनका मत है कि ये हिम-कणों या जल-कणों से बने होने चाहिए। इतना निर्विवाद है कि ये बहुत ही ठंडे हैं।

कुछ खगोलविदों का अनुमान है कि ये वलय शनि के किसी उपग्रह के टूट जाने से बने हैं। यह उपग्रह 'रोखे-सीमा' के भीतर आ गया होगा और टुकड़े-टुकड़े होकर इसने वलयों का रूप धारण कर लिया होगा। एक यह भी मत है कि शनि के ये वलय और इस ग्रह के निकट के पांच उपग्रह प्रारंभ में शनि के इर्द-गिर्द घूमने वाले किसी विशाल 'रज-कण-मेघ' के सघन हो जाने से बने हैं।

शनि के उपग्रह—जिस प्रकार 9 ग्रह सूर्य की परिक्रमा करते हैं, उसी प्रकार 9 उपग्रह शनि की परिक्रमा करते हैं।

'बोटे-नियम' को हम पहले देख चुके हैं। सौर-मंडल में और शनि-मंडल में बहुत ही सादृश्य है। नीचे की दो सारणियों से यह सादृश्य स्पष्ट हो जाएगा। इन सारणियों में 'भिन्न' वाली संख्याओं का विशेष महत्त्व है। गौर से इन भिन्नों को देखने पर यह स्पष्ट हो जाएगा कि ये सभी भिन्न लगभग 2 के आसपास हैं। इससे हम एक नियम बना सकते हैं। प्रत्येक ग्रह के भ्रमण-मार्ग का अर्धव्यास उसके पूर्व-ग्रह के भ्रमण-मार्ग के अर्धव्यास का लगभग दुगुना है और यही नियम ग्रहों के उपग्रहों पर भी लागू होता है।

सारणी–1

ग्रह	सूर्य से दूरी (पृथ्वी=1)	सूर्य से दूरी और पूर्व के ग्रह की दूरी का भिन्न
बुध	0.387	–
शुक्र	0.723	1.86
पृथ्वी	1.000	1.38
मंगल	1.524	1.52
लघुग्रह	2.7 (लगभग)	1.77
बृहस्पति	5.203	1.92
शनि	9.539	1.83
यूरेनस	19.191	2.001
नेपच्यून	30.070	1.56
प्लूटो	39.520	1.31

सारणी–2

शनि के उपग्रह	शनि से दूरी (शनि का अर्ध-व्यास = 1)	दो उपग्रहों की दूरी का भिन्न
मिमोस	3.11	–
एनसिलाडस	3.99	1.28
टेथीस	4.94	1.24
डिओन	6.33	1.28
रूही	8.84	1.39
टाइटान	20.48	2.31
हाइपेरियन	24.82	1.21
इयापेटस	59.68	2.40
फोबे	216.80	3.63

टाइटान शनि का सबसे बड़ा उपग्रह है। इतना ही नहीं, यह सौर–मंडल का सबसे बड़ा उपग्रह है। इसका व्यास लगभग 3,500 मील है। इसका विपलायन–वेग दो मील प्रति सेकंड है, अत: इस पर कुछ वायुमंडल टिका हुआ है। रश्मिवर्ण–विश्लेषक–यंत्र की सहायता से कुइपेर ने सन् 1944 में टाइटान के वायुमंडल का पता लगाया था। इसमें मीथेन–गैस की प्रधानता है।

टाइटान पृथ्वी से बहुत दूर है, अतः इसके परीक्षण में कई कठिनाइयां हैं। फिर भी विल्कीन्स महाशय ने इस पर दो धब्बों का पता लगाया है। संभवतः बृहस्पति और शनि के अन्य उपग्रहों की तरह ही, टाइटान भी अपना एक गोलार्द्ध सतत शनि की ओर बनाए रखता है। अतः इसका 'दिन' और 'महीना' समान है—हमारे लगभग 16 दिनों के बराबर।

टाइटान की खोज सर्वप्रथम हुइगेन ने सन् 1655 में की थी। रंग में यह पीला है। इसकी शनि से दूरी 7,60,000 मील है और क्रम में यह शनि का छठा उपग्रह है। इसके पहले के पांच उपग्रह—मिमोस, एनसिलाडस, टेथीस, डिओन और रूही—आकार में काफी छोटे हैं। संभवतः ये सघन हिम-कणों से बने हुए हैं। कुइपेर का मत है कि मिमोस, एनसिलाडस और टेथीस शनि के वायुमंडल के जम जाने के कारण बने हैं। इनमें पानी की बरफ और एमोनिया की बरफ की प्रधानता है। टाइटान और इसके पहले के पांच उपग्रह शनि के वलय-विभाजनों का कारण हैं।

शनि का चतुर्थ चंद्रमा डिओन है। इसका व्यास लगभग 1000 मील है। यह लगभग शनि से उतनी ही दूर है जितना कि पृथ्वी से हमारा चंद्रमा। लेकिन जहां हमारे चंद्रमा को पृथ्वी की एक परिक्रमा करने में 27 दिन से भी कुछ अधिक लगते हैं, वहां यह डिओन शनि की एक परिक्रमा केवल दो दिन $17\frac{1}{2}$ घंटों में पूरी कर लेता है।

पांचवां चंद्रमा—रूही—1000 मील से कुछ अधिक व्यास का है। सातवां चंद्रमा हाइपेरियन केवल 200 मील व्यास का है। इयापेटस शनि का आठवां चंद्रमा है। इसका व्यास संभवतः 1500 मील के आसपास है। यह लगभग 20,00,000 मील की दूरी पर हमारे 79 दिनों में शनि की एक परिक्रमा पूरी करता है। इसका विपलायन-वेग अभी अनिश्चित है। बहुत संभव है कि इस पर कुछ पतला वायुमंडल भी हो।

फोबे शनि का आखिरी चंद्रमा है। इस उपग्रह का पता बर्नार्ड ने सन् 1898 में लगाया था। यह शनि से 80,00,000 मील की दूरी पर लगभग हमारे 18 महीनों में इस ग्रह की एक परिक्रमा करता है। इसकी परिक्रमा-गति कुछ विचित्र-सी है। यह पश्चिम में उदय होकर पूर्व में अस्त होता है।

शनि के दसवें चंद्रमा के होने की संभावना भी मानी जाती है। सन् 1904 में पिकरिंग ने इस दसवें चंद्र के बारे में कुछ सामग्री प्रकाशित की थी और इसका नाम भी रखा गया था 'थेमीस'। परंतु आज तक पुनः यह उपग्रह नहीं दिखाई दिया।

यूरेनस

हम नहीं जानते कि बुध, शुक्र, बृहस्पति, मंगल और शनि को किसने खोज निकाला! संभवत: सभ्यता के उष:काल से मानव इन ग्रहों को देखता आया है। वैदिक-कालीन आर्य इन पांच ग्रहों को निश्चित रूप से जानते थे। प्राचीन लोगों ने बुध, बृहस्पति, मंगल, शनि और शुक्र के साथ सूर्य और चंद्रमा को भी 'ग्रहों' में जोड़ लिया था। इन 'सात' ग्रहों के बाहर आंख की दूरबीन देख सकने में असमर्थ थी।

केपलर ने मंगल और बृहस्पति के बीच एक ग्रह की कल्पना की थी। बोडे और टिटीयस भी इसी निर्णय पर पहुंचे थे। परंतु सन् 1781 से पहले किसी को भी इस बात का खयाल नहीं आया कि शनि के बाद भी कोई ग्रह हो सकता है। वास्तव में यूरेनस को खोज निकालने वाले हर्शेल को भी इस ग्रह की कल्पना नहीं थी।

विलियम हर्शेल इंग्लैंड के निवासी थे। शुरू से इनका प्रेम संगीत से था, परंतु सन् 1772 से ज्योतिष में उनकी रुचि बढ़ने लगी और तब से अपने जीवन के अंतिम दिनों तक (सन् 1822 में इनकी मृत्यु हुई) ये ज्योतिष में अनेकानेक नई चीज़ों की खोज करते गए। हर्शेल अपने समय के सबसे कुशल दूरबीन-निर्माता थे। ये 'नक्षत्र-ज्योतिष' की नींव डालने वाले प्रथम व्यक्तियों में से थे। इन्होंने ग्रहों का भी गहरा अध्ययन किया और कई उपग्रह खोज निकाले। जीवन के अंतिम दिनों में 'रायल एस्ट्रोनॉमिकल सोसायटी' का सभापति बनाकर इन्हें सम्मानित किया गया। हर्शेल का अधिकांश कार्य नक्षत्रों से संबंधित है; ग्रहों संबंधी

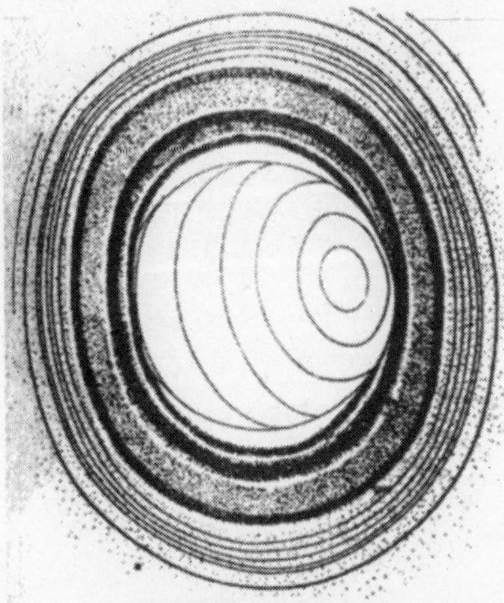

यूरेनस के वलय

उनकी खोजें अधिकांशत: 'संयोग' ही थीं। फिर भी, सौर-मंडल को शनि से आगे सरकाने के लिए ज्योतिष-शास्त्र के इतिहास में हर्शेल का नाम अमर रहेगा।

13 मार्च, 1781 को हर्शेल पुनर्वसु नक्षत्र-समूह (जेमिनी) में कश (कैस्टर) और प्लव (पोलक्स) तारों के आसपास के कुछ लघु-तारकों का दूरबीन से परीक्षण कर रहे थे। उनके ही शब्दों में, उन्होंने 'एक ऐसा तारा देखा जो दूसरों से कुछ अधिक बड़ा और चमकीला था' और उन्होंने 'इसे एक धूमकेतु समझा'। कुछ अधिक गहराई से देखने पर पता चला कि यह धूमकेतु नहीं, एक ग्रह है। इंग्लैंड के राजकीय ज्योतिषी जॉन फ्लेमस्टीड (सन् 1676-1719 ई.) ने इस ज्योति को 1690 से 1715 के बीच छह बार देखा था।

इस ग्रह के नामकरण के लिए अनेक सुझाव दिए गए, परंतु अंत में बोडे का दिया हुआ नाम 'यूरेनस' ही प्रचलित हो गया। भारतीय भाषाओं में इस ग्रह के कई नाम प्रचलित हैं। शायद सबसे प्रचलित नाम वरुण या वारुणी है।

आकार-प्रकार—यूरेनस की सूर्य से औसत दूरी 1,78,20,00,000 मील है। यह अपनी कक्षा में $4\frac{1}{2}$ मील प्रति सेकंड की मंद गति से 84 वर्षों में सूर्य की एक परिक्रमा करता है। इस प्रकार हर्शेल द्वारा यूरेनस की खोज को आज तक इस ग्रह के दो 'वर्ष' से कुछ ही अधिक समय हुआ है। यूरेनस का एक 'वर्ष' उसके 68,400 दिनों के बराबर हो जाता है।

यूरेनस का व्यास लगभग 32,400 मील है। इस प्रकार यह पृथ्वी से 64 गुना बड़ा है। परंतु इसका घनत्व पृथ्वी के घनत्व से कम है, अत: तौल में यह केवल 15 पृथ्वियों के ही बराबर है।

विल्डर के अनुसार, यूरेनस की 'धातु-गुठली' 14,000 मील व्यास की है, इसके ऊपर 6,000 मील मोटी बरफ की परत है और फिर इसके ऊपर 3,000 मील का वायुमंडल है। रैमज़े का मत है कि यूरेनस मुख्यतया पानी, मीथेन और एमोनिया से बना हुआ है। इसकी मीथेन गैस अतिशय शीत के कारण सघन हो गई है। ओटावा के हर्ट्ज़बर्ग ने इस ग्रह पर खुली हाइड्रोजन गैस का भी पता लगाया है। संभवत: इस पर हीलियम गैस भी हो। यूरेनस अतिशय ठंडा ग्रह है। इसका तापमान लगभग शून्य के नीचे 310 डिग्री फारेनहाइट है। यूरेनस का 'विपलायन-वेग' 13 मील प्रति सेकंड है।

बृहस्पति की तरह यूरेनस की भी धुरी-गति बहुत ही तेज़ है। यह इतना विशाल ग्रह केवल 10 घंटे 42 मिनट में एक चक्कर पूरा कर लेता है।

अब तक के वर्णित सभी ग्रहों की धुरी सौर-मंडलीय समतल से 90 अंशों से कम ही कोण बनाती है। परंतु यूरेनस इसका अपवाद है। इसकी धुरी 98 अंशों का कोण बनाती है। इसका एक परिणाम तो यह होता है कि इस ग्रह पर 'ऋतुओं' की विचित्र परिस्थिति है। लगातार हमारे 21 वर्षों तक, पहले इस ग्रह का उत्तरी गोलार्द्ध

और फिर दक्षिणी गोलार्द्ध अंधकार में डूबा रहेगा। शेष वर्षों में परिस्थिति कुछ संतुलित रहेगी।

यूरेनस के इस धुरी-झुकाव का एक और परिणाम होता है। कभी हम इस ग्रह के ध्रुव को अपने सामने देखते हैं, तो कभी विषुववृत्त को। सन् 1945 में इस ग्रह का ध्रुव हमारे सामने था, 1966 में इसकी विषुव-रेखा हमारे सामने रहेगी। बड़ी दूरबीन से देखने पर यूरेनस का गोला कुछ मंद हरित वर्ण का दिखाई देता है। इसका विषुववृत्तीय भाग कुछ सफ़ेद-सा दिखाई देता है।

यूरेनस का रूप कुछ तेज़-मंद होता रहता है। यूरेनस हमसे इतना दूर है कि बिना बड़ी दूरबीन की सहायता के इसके बारे में कुछ जान सकना असंभव है। छोटी दूरबीन से यूरेनस का केवल हरित छोटा गोला मात्र दिखाई देता है, इसके अलावा कुछ नहीं।

यूरेनस के चंद्रमा–अब तक यूरेनस के पांच उपग्रहों का पता चला है–मिरांडा, एरियल, एम्ब्रियल, टाइटानिया और आबेरोन। हर्शेल का विश्वास था कि उसने यूरनेस के छह उपग्रहों का पता लगा लिया है। परंतु उसका यह विश्वास ग़लत था। इन छह में से चार वास्तव में तारे थे। शेष दो ही—टाइटानिया और आबेरोन–यूरेनस के उपग्रह थे। आंग्ल खगोलविद् लासेल ने सन् 1851 में और दो उपग्रहों का पता लगाया–एरियल और एम्ब्रियल। पांचवें उपग्रह–मिरांडा–की खोज कुइपेर ने सन् 1948 में की। नीचे के चित्र में यूरेनस के दो मुख्य उपग्रहों–टाइटानिया और आबेरोन–की कक्षाएं दिखाई गई हैं।

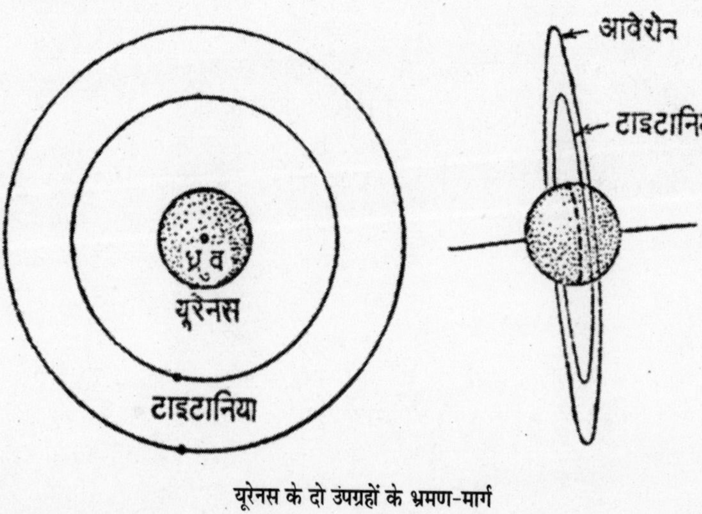

यूरेनस के दो उपग्रहों के भ्रमण-मार्ग

यूरेनस के पांचों उपग्रह इसके विषुववृत्तीय-समतल में परिक्रमा करते हैं। जब इस ग्रह का ध्रुव हमारी तरफ रहता है तो सभी उपग्रह वृत्ताकार मार्ग में भ्रमण करते दिखाई देते हैं। जब इसकी विषुव-रेखा हमारी तरफ रहती है तो इसके उपग्रह खड़ी तश्तरी के रूप में परिक्रमा करते दिखाई देते हैं। यूरेनस से मिरांडा की दूरी 76,000 मील है और आबेरोन की 3,64,000 मील।

इन उपग्रहों के आकार के बारे में खगोलविद् अभी पूर्ण जानकारी नहीं प्राप्त कर पाए हैं। आंग्ल-खगोलविद् स्टिवेन्सन के अनुसार एरियल, टाइटानिया और आबेरोन का व्यास 1300 से 1800 मील के बीच होना चाहिए, एम्ब्रियल का 700 से 900 मील के बीच और मिरांडा का लगभग 200 मील।

प्रकाश की गति प्रति सेकंड 1,86,000 मील है और यूरेनस का प्रकाश हम तक पहुंचने में लगभग 3 घंटे का समय लगता है। दूसरे ग्रहों की तुलना में यूरेनस एक अद्‌भुत ग्रह है। इस ग्रह की भूमि पर सूर्य पश्चिम दिशा में उदित होकर पूर्व में अस्त होता है। इतना ही नहीं, इसके पांचों चंद्रमा पश्चिम में उदित होकर पूर्व में अस्त होते हैं।

नेपच्यून

नेपच्यून की खोज–यूरेनस से भी 1,00,00,00,000 मील और दूर नेपच्यून है। सूर्य से इसकी औसत दूरी 2,79,30,00,000 मील है। यह सौर-मंडल का आखिरी विशाल ग्रह है।

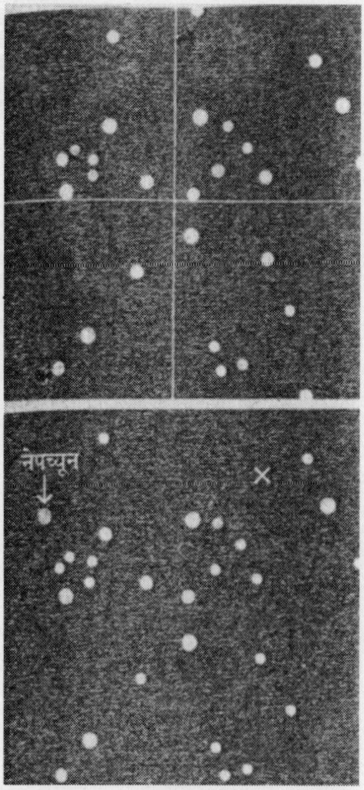

तारा-मानचित्र में लवेरिए द्वारा निर्धारित नेपच्यून की स्थिति (×) और वह स्थान (↓) जहां गाल्ले ने आकाश में इसे खोजा।

पिछले प्रकरण में हम यूरेनस की कहानी पढ़ चुके हैं। हर्शेल से पहले भी यूरेनस कई बार देखा गया था। आंग्ल-खगोलविद् फ़्लेमस्टीड और फ्रेंच-खगोलविद् ल मोनियर ने यूरेनस के ज्योति-पिंड को कई बार देखा था, पर इसके ग्रह होने का उन्हें खयाल नहीं आया। जब गणितज्ञ यूरेनस के भ्रमण-मार्ग को गणित की सहायता से हल करने लगे तो उन्होंने देखा कि गणितीय गणना में और यूरेनस की कक्षा-स्थिति में अंतर पड़ता है। फ्रेंच-गणितज्ञ अलेक्सिस बाडवार्ड ने यूरेनस के लिए एक नई कक्षा निर्धारित की। फिर भी यूरेनस का अंतर बना रहा और यह पूर्व-निर्धारित मार्ग में आगे-पीछे रहने लगा। सन् 1822 तक यह कुछ तेज़ दौड़ता दिखाई दिया और इसके बाद कुछ मंद गति से। गणितज्ञों को अब पूर्ण विश्वास हो गया कि यूरेनस को आकर्षित करने वाला इसके बाहर अवश्य कोई 'ग्रह' होना चाहिए।

सन् 1834 में रेवरेंड टी.जे. हेस्से ने एक सुझाव दिया। कल्पना कीजिए कि यूरेनस के बाहर इसको आकर्षित करने वाला और एक ग्रह है। इस 'कल्पित ग्रह' की आकर्षण-शक्ति को 'अव्यक्त' मानकर उलटी गणना करते जाइए, इस अव्यक्त शक्ति वाले ग्रह का पता चल जाएगा। अद्‌भुत सुझाव था। हेस्से ने उस समय के राजकीय ज्योतिषी जॉर्ज एयरी को इस संबंध में एक पत्र भी लिखा दिया। परंतु एयरी साहब कुछ सुस्त आदमी थे।

सन् 1841 में एक तरुण विद्यार्थी कैंब्रिज विश्वविद्यालय में पढ़ रहा था। इनका नाम था जॉन कौच आडम्स। सन् 1843 में विश्वविद्यालय से उपाधि प्राप्त करने के बाद उन्होंने यूरेनस के इस प्रश्न को सुलझाने का संकल्प किया। एक वर्ष के कठिन परिश्रम के बाद उन्होंने गणितीय आधार पर यूरेनस की कक्षा का प्रश्न सुलझा लिया।

आडम्स ने अपनी गणितीय गणनाओं को एयरी के पास भेज दिया। एयरी ने कुछ आलस्य से और कुछ लापरवाही से, इस तरुण विद्यार्थी की खोजों की कोई सुध नहीं ली।

इस बीच सन् 1846 में फ्रेंच गणितज्ञ ल वेरी ने यूरेनस की कक्षा का ठीक-ठीक हल निकाल लिया और उसे प्रकाशित भी कर दिया। ल वेरी के हल आडम्स के ही समान थे। जब एयरी ने ल वेरी के प्रकाशन को देखा तब उन्होंने अपने दो सहायकों—कैंब्रिज के प्रो. चालिस और विलियम लास्सेल को ल वेरी द्वारा निर्धारित ग्रह को ढूंढ़ने को कहा। चालिस के पास अच्छे खगोलीय-मानचित्र नहीं थे और लास्सेल किसी दुर्घटना के कारण अपाहिज बने बैठे थे। इस बीच ल वेरी की गणना के आधार पर बर्लिन वेधशाला के जोहान गाले और हैनरिश डी अरेस्ट नामक दो खगोलविदों ने इस नए ग्रह का पता लगा लिया।

इस नए ग्रह का नाम 'नेपच्यून' रखा गया। यूनानी पौराणिक कथाओं के अनुसार नेपच्यून ज़ीयस का भाई और सागरों का अधिपति था। नेपच्यून ने ही सर्वप्रथम मनुष्य को अश्व-दान दिया था। भारतीय भाषाओं में इस ग्रह के लिए 'वरुण' नाम अनुकूल रहेगा।

गति और आकार-प्रकार—नेपच्यून हमारे 164 $\frac{3}{4}$ वर्षों में सूर्य की एक परिक्रमा पूर्ण करता है। अत: सन् 1845 में आकाश में जिस स्थान पर यह खोजा गया था, उसी स्थान पर पुनः यह सन् 2011 से पहले नहीं आ सकता। यह 3$\frac{1}{3}$ मील प्रति सेकंड की मंथर गति से सूर्य की परिक्रमा करता है। यह 15$\frac{3}{4}$ घंटों में अपनी धुरी पर एक चक्कर लगा लेता है। अत: नेपच्यून का 'वर्ष' इसके अपने लगभग 90,000 दिनों के बराबर है।

नेपच्यून की खोज भी बड़े मौके पर हुई। सन् 1822 में सूर्य, यूरेनस और नेपच्यून लगभग एक सीधी रेखा में थे—यूरेनस बीच में। 1822 के पहले नेपच्यून यूरेनस को अपनी ओर आकर्षित कर रहा था और इसके बाद यूरेनस नेपच्यून से दूर हट रहा था। इससे गणितज्ञों को इन ग्रहों की कक्षा निर्धारित करने में आसानी हुई। यदि यूरेनस और नेपच्यून सूर्य की विरुद्ध दिशाओं में होते तो, बहुत संभव है, नेपच्यून को खोज निकालने के लिए और कई वर्षों का समय लगता।

कुछ वर्ष पूर्व तक खगोलविदों का यह अनुमान था कि नेपच्यून शायद यूरेनस से बड़ा है। परंतु टेक्सास (अमरीका) की मैक्डोनल्ड वेधशाला में कुइपेर द्वारा किए गए परीक्षणों से अब यह निश्चित हो गया है कि नेपच्यून यूरेनस से छोटा है। इसका व्यास लगभग 27,600 मील है। नेपच्यून का तौल हमारी 17 पृथ्वियों के बराबर है। इसका घनत्व बृहस्पति, शनि और यूरेनस से कुछ अधिक है।

बिल्ड्ट के अनुसार, नेपच्यून की 'ठोस-गुठली' 12,000 मील व्यास की है, इसके ऊपर 6,000 मील मोटी बरफ की परत है और इसके भी ऊपर 2,000 मील की एक गैस-परत है। रैमजे के अनुसार, नेपच्यून की रचना लगभग यूरेनस के समान ही है। इसकी बाहरी गैस-परत में मीथेन-गैस की प्रधानता है। इसमें खुली हाइड्रोजन और संभवत: हीलियम भी है। नेपच्यून की भूमि अत्यंत ठंडी है—तापमान शून्य के नीचे 360 डिग्री फारेनहाइट है। इतने तापमान पर एमोनिया जम जाती है। यूरेनस की तरह नेपच्यून भी दूरबीन से हरे रंग का दिखाई देता है।

कहा जाता है कि नेपच्यून एक शांत ग्रह है। इसके धरातल पर किसी प्रकार की कोई खलबली नहीं है और संभवत: यह मत ठीक भी है। इतनी भीषण ठंड में वहां पर क्या खलबली हो सकती है!

नेपच्यून के उपग्रह—आज तक नेपच्यून के दो उपग्रहों का पता चला है—टिट्रान और निरीड। टिट्रान की खोज लास्सेल ने की—नेपच्यून की खोज के तीन सप्ताह बाद ही। टिट्रान सौर-मंडल का सबसे अधिक वज़नी उपग्रह है। इसका व्यास लगभग 3,000 मील है। इस ग्रह का विपलायन-वेग काफी ऊंचा हो सकता है और संभवत: इस पर कुछ 'वायुमंडल' भी हो। कुइपेर ने सन् 1944 में इस पर मीथेन-गैस का पता लगाया है।

चंद्र हमारी पृथ्वी से जितनी दूर है, टिट्रान नेपच्यून से उससे भी कम दूरी पर है। यह छह दिनों में अपने ग्रह की एक परिक्रमा पूरी कर लेता है। परंतु जैसे चंद्रमा हमारी पृथ्वी से दिखाई देता है, वैसे टिट्रान नेपच्यून से नहीं दीखता है,

इतनी दूरी पर बहुत ही कम सूर्य-प्रकाश पहुंच पाता है। यह उलटी दिशा में नेपच्यून की परिक्रमा करता है—पश्चिम से पूर्व की ओर।

नेपच्यून के दूसरे उपग्रह—निरीड—को कुइपेर ने सन् 1949 में खोज निकाला। यह बहुत ही छोटा है—केवल 200 मील व्यास का। नेपच्यून से इसकी न्यूनतम दूरी 10,00,000 मील है और सबसे अधिक दूरी 60,00,000 मील है। अतः इसका भ्रमण-मार्ग कुछ अधिक दीर्घ-वृत्ताकार होना चाहिए। यह लगभग हमारे एक वर्ष में अपने ग्रह की एक परिक्रमा पूरी कर लेता है।

बौना ग्रह—प्लूटो

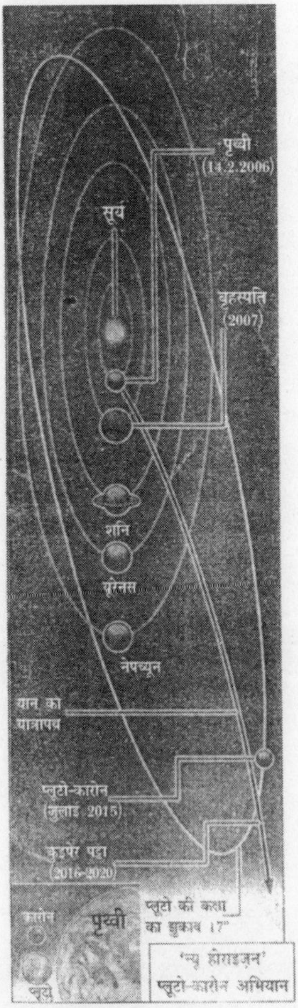

प्लूटो की खोज–नेपच्यून की खोज के बाद खगोलविद् पुनः सोचने लगे कि अब सौर-मंडल पूर्ण हो गया है। यूरेनस की कक्षा में जो अंतर था वह नेपच्यून की खोज से मिट गया था। लेकिन कुछ वर्षों बाद खगोलविदों ने देखा कि यूरेनस की ही तरह नेपच्यून की कक्षा में भी कुछ अंतर पड़ता है। यह अंतर परीक्षण की गलतियों के कारण भी हो सकता था।

मंगल ग्रह का अध्ययन करते समय हम लावेल की चर्चा कर चुके हैं। लावेल महाशय का यह विश्वास हो गया कि नेपच्यून की कक्षा के बाहर इस ग्रह को प्रभावित करने वाला और एक ग्रह होना चाहिए। अतः ल वेरी और आडम्स की तरह लावेल भी इस 'अव्यक्त-ग्रह' की गणना करने में लग गए। नेपच्यून की कक्षा का प्रश्न अभी पूर्ण रूप से हल नहीं नहीं हुआ था। अतः लावेल ने यूरेनस को आधार मानकर उलटी गणना शुरू कर दी।

लावेल के पास पर्याप्त साधन और सुविधाएं थीं। ख़ासकर ग्रहों के अध्ययन के लिए ही उन्होंने फ़्लैग स्टाफ, अफ्रीका में एक वेधशाला का निर्माण किया था। सन् 1905 में इन्होंने इस 'अव्यक्त-ग्रह' की खोज आरंभ कर दी। लावेल की गणना के अनुसार यह ग्रह सूर्य से लगभग

4,00,00,00,000 मील की दूरी पर था और कुछ अजीब मार्ग में हमारे 282 वर्षों में सूर्य की एक परिक्रमा करता था। लावेल ने सोचा कि यह ग्रह आकार में बहुत ही छोटा होना चाहिए; संभवत: तौल में पृथ्वी से छह गुना अधिक।

सन् 1916 में लावेल की मृत्यु हो गई। अभी तक इस 'अव्यक्त-ग्रह' को किसी ने देखा नहीं था–केवल गणित के आधार पर ही इस ग्रह का अस्तित्व था। इधर अमरीका में नेपच्यून को आधार मानकर पिकरिंग इस ग्रह की खोज में लगे हुए थे। पिकरिंग और लावेल की गणनाओं में काफी समानता थी। सन् 1919 में माउंट विल्सन वेधशाला में मिल्टन हुमासन ने इन गणनाओं के आधार पर इस बौने ग्रह की खोज आरंभ कर दी।

हुमासन के लिए उस समय की लगभग सभी सुविधाएं उपलब्ध थीं। सबसे बड़ी सुविधा थी फोटोग्राफी की। यदि दो-तीन दिन का अंतर देकर आप खगोल के किसी भाग का चित्र लें तो यह स्पष्ट हो जाएगा कि 'तारे' अपनी सापेक्ष दूरी से नहीं हिलते। किंतु इन तारों में यदि कोई 'ग्रह' हो तो वह अपनी स्थिति को अवश्य बदलेगा।

हुमासन ने अनेक प्रयत्न किए, परंतु वह इस नए ग्रह को खोज निकालने में सफल नहीं हुए। कुछ वर्ष तक इस दिशा में प्रयत्न स्थिगित हो गए। सन् 1929 में खगोलविदों ने पुन: लावेल की वेधशाला में उत्साह से प्रयत्न आरंभ किए। इस समय उनके पास 13 इंच व्यास का एक रीफ्रेक्टर था और एक 'ब्लिंक-माइक्रोस्कोप' था। इस नए यंत्र की सहायता से फोटो-प्लेटों के परीक्षण में सुविधा होती थी। टॉमबो ने इस नई पार्टी का नेतृत्व स्वीकार किया। उस समय टॉमबो एक तरुण, उत्साही खगोलविद् थे; आज वह अमरीका के ही नहीं, संसार के प्रख्यात खगोलविदों में से एक हैं।

सन् 1930, जनवरी की एक रात, टॉमबो ने मंथर-गति से चलने वाले एक पिंड को देखा; यह वही 'अव्यक्त-ग्रह' था। इस ग्रह का नाम रखा गया 'प्लूटो'। यूनानी आख्यान के अनुसार प्लूटो हमारे 'यमराज' का ही दूसरा रूप है।

आकार-प्रकार–प्लूटो बहुत ही छोटा ग्रह निकला और यही कारण था कि आरंभ में लावेल महाशय के हाथ से यह बच निकला। हुमासन की असफलता को आप उनका दुर्भाग्य ही मान सकते हैं। वास्तव में इन्होंने 1919 में दो बार इस ग्रह के चित्र लिए, परंतु ये चित्र इतने गड़बड़ आए कि इस ग्रह का उनमें पता लगाना मुश्किल था।

प्लूटो की खोज के बाद पता लगा कि यह ग्रह केवल मंद ही नहीं, छोटा और हलका भी है। लावेल का अनुमान था कि इस ग्रह का तौल पृथ्वी से छह गुना है, परंतु खोज के बाद पता चला कि यह पृथ्वी से भी हलका है।

बाद में पता चला कि इसका कक्षा-मार्ग भी अन्य ग्रहों से कुछ अजीब है। जब यह ग्रह सूर्य से निकटतम रहता है तो यह नेपच्यून की कक्षा में चला आता है, अर्थात् सूर्य-प्लूटो-दूरी सूर्य-नेपच्यून-दूरी से कम रहती है। यह ग्रह हमारे 248 वर्षों में सूर्य की एक परिक्रमा पूर्ण कर लेता है। इस प्रकार लावेल के अनुमान में 34 वर्षों की अधिकता थी। परंतु प्लूटो और यूरेनस के एक-दूसरे से टकरा जाने का कोई ख़तरा नहीं, क्योंकि इन ग्रहों की कक्षाएं एक-दूसरे से 17 अंशों का कोण बनाती हैं।

लेकिन आज तो प्लूटो के परीक्षण में कठिनाइयां हैं ही। माउंट पैलोमर की 200 इंच व्यास वाली दूरबीन को छोड़कर और किसी भी दूरबीन से इस ग्रह का परीक्षण संभव नहीं है। लावेल वेधशाला के वाकर और हार्डी ने कुछ सूक्ष्म परीक्षणों से सन् 1955 में प्लूटो के धरातल संबंधी कुछ तथ्यों को एकत्र किया था। इन तथ्यों का पूर्व तथ्यों से मेल बिठाकर इन लोगों ने प्लूटो की धुरी-गति निकाली थी–6 दिन 9 घंटे। इस समय प्लूटो का विषुववृत्तीय-भाग उसके ध्रुवीय भाग की अपेक्षा हमारी ओर अधिक स्पष्ट था। हो सकता है कि प्लूटो की धुरी-गति के उपरोक्त समय में थोड़ी-बहुत गलती हो, परंतु अधिकांश वैज्ञानिक इस गति को स्वीकार करते हैं।

प्लूटो की गति और आकार-प्रकार अन्य सौर-मंडलीय ग्रहों से इतना भिन्न है कि इसे ग्रह मानने में खगोलविदों को संकोच होता है। कुइपेर का मत है कि आरंभ में प्लूटो नेपच्यून का एक उपग्रह था। यह नेपच्यून के उपग्रह टिट्रान (व्यास लगभग 3000 मील) के लगभग बराबर ही है। प्लूटो एक बौना ग्रह है। टेक्सास की मैक्डोनल्ड वेधशाला की 82 इंच व्यास वाली दूरबीन से कुइपेर ने इस ग्रह का अध्ययन किया है। इनके अनुसार प्लूटो का व्यास 6,400 मील है (पृथ्वी का व्यास 7,900 मील है)। इसका वज़न पृथ्वी के 8/10 हिस्से के बराबर है।

सन् 1950 में इन्हीं कुइपेर ने हुमासन के साथ पैलोमर दूरबीन से प्लूटो का अध्ययन किया। इस समय प्लूटो का व्यास 3,600 मील निकला। इस प्रकार यह बुध को छोड़कर सौर-मंडल का सबसे छोटा ग्रह निकला।

यदि हम कुइपेर और हुमासन के परीक्षणों को स्वीकार करते हैं तो लावेल के गणितीय सिद्धांतों से सामंजस्य बिठाने के लिए हमें प्लूटो का वज़न पृथ्वी से 10 गुना मानना होगा। यहां भी कठिनाई पैदा होती है। यदि प्लूटो सचमुच इतना वज़नी है, तो इसकी रचना अवश्य भारी पदार्थों से हुई होगी। इसकी धरातल-गुरुत्वाकर्षण-शक्ति भी बहुत अधिक होनी चाहिए। पृथ्वी पर 196 पौंड का व्यक्ति प्लूटो पर 924 पौंड का हो जाएगा। तो वह अपनी स्थिति को अवश्य बदलेगी।

बुंटोन और रोक्वेस नामक वैज्ञानिकों ने प्लूटो के परीक्षणों के आधार पर क्रोमेलिन के मत का समर्थन किया है।

वास्तव में प्लूटो के आकार-प्रकार और वज़न का प्रश्न अभी कुछ भी हल नहीं हुआ है। एक आशा है। यदि प्लूटो का हमको कोई उपग्रह मिल जाता है तो इस ग्रह के बारे में हमें कुछ अधिक जानकारी प्राप्त हो सकती है। परंतु आज की सबसे बड़ी दूरबीन भी इतनी दूरी पर प्लूटो के किसी उपग्रह को खोज निकालने में असमर्थ है।

आज भी प्लूटो नेपच्यून की कक्षा से काफी दूर है। परंतु धीरे-धीरे यह ग्रह सूर्य के निकटतम आ रहा है। सन् 1969 से 2009 के बीच यह नेपच्यून की कक्षा के भीतर रहेगा। सन् 1989 में प्लूटो पृथ्वी से न्यूनतम दूरी पर रहेगा। और इसके बाद यह ग्रह हमसे दूर होता जाएगा। सन् 2113 में सूर्य से इसकी दूरी सबसे अधिक रहेगी–4,50,00,00,000 मील। इसके 50 वर्ष पहले या बाद में यह इतना धुंधला रहेगा कि केवल बड़ी दूरबीनों से ही देखा जा सकेगा।

प्लूटो की गति और आकार-प्रकार अन्य सौर-मंडलीय ग्रहों से इतना भिन्न है कि इसे ग्रह मानने में खगोलविदों को संकोच होता है। कुइपेर का मत है कि आरंभ में प्लूटो नेपच्यून का एक उपग्रह था। यह नेपच्यून के उपग्रह टिट्रान (व्यास लगभग 3000 मील) से थोड़ा ही बड़ा है और वज़न तो लगभग बराबर ही है। प्लूटो की अति दीर्घवृत्ताकार कक्षा और इस कक्षा का झुकाव भी इस मत का समर्थन करते हैं।

कुछ भी हो, प्लूटो एक अद्‌भुत बौना ग्रह है। कुछ रूठा हुआ-सा, यह ग्रह अकेले ही भ्रमण करता दिखाई देता है; ऐसा लगता है कि सौर-परिवार का यह कोई उपेक्षित ग्रह हो।

प्लूटो के बाद क्या है? –क्या प्लूटो के बाद सौर-मंडल का और कोई ग्रह है? प्रश्न स्वाभाविक है।

प्लूटो से हम तक प्रकाश पहुंचने में 5½ घंटे का समय लगता है। सौर-मंडल के निकटतम नक्षत्र से हम तक प्रकाश पहुंचने में लगभग 4 प्रकाश-वर्षों का समय लगता है। अतः ब्रह्मांडीय-विस्तार की दृष्टि से प्लूटो हमसे बहुत ही निकट है।

प्लूटो स्वयं एक अजीब बौना ग्रह है। हो सकता है कि इसके बाहर और भी अधिक अद्‌भुत ग्रह निकल आएं। इस विश्वास का समर्थन और एक बात से होता है। हम जानते हैं कि सौर-परिवार में कई ऐसे धूमकेतु हैं जो प्लूटो के भी बाहर चले जाते हैं। इन धूमकेतुओं के अध्ययन से यह आशा बंधती है कि प्लूटो के बाहर अवश्य कोई ग्रह होना चाहिए।

पिकरिंग ने सन् 1929 में (प्लूटो की खोज के एक वर्ष पहले) उस समय तक के ज्ञात 19 ऐसे धूमकेतुओं का उल्लेख किया है जो सूर्य से लगभग 7,00,00,00,000 मील की दूरी तक चक्कर लगाकर आते हैं। अतः पिकरिंग ने यूरेनस और नेपच्यून से भी बड़े एक विशाल 'अव्यक्त-ग्रह' की कल्पना की और इसकी कक्षा भी निर्धारित की। इन्होंने इस ग्रह के लिए 'प्लूटो' नाम सोच रखा था।

परंतु एक ही वर्ष बाद यह छोटा-सा ग्रह निकल आया और इसी का नाम 'प्लूटो' रख दिया गया। पिकरिंग का मत है कि इतने छोटे ग्रह का नाम 'प्लूटो' नहीं होना चाहिए। इसका उपयुक्त नाम तो 'लोकी' (चोरों का देवता) होना चाहिए था। अब तो इस 'अव्यक्त-ग्रह' के लिए कोई दूसरा ही नाम ढूंढ़ना होगा।

इधर कुछ वर्षों से म्यूनिख (जर्मनी) के शूटेर नामक वैज्ञानिक इस 'अव्यक्त-ग्रह' की खोज में लगे हुए हैं। इन्होंने पांच ऐसे धूमकेतुओं का पता लगाया है जो प्लूटो-परिवार के अंतर्गत आते हैं। यदि पिकरिंग और शूटेर के अनुमान सही हैं तो एक दिन यह 'अव्यक्त-ग्रह' हमारे सामने अवश्य व्यक्त हो जाएगा। दुर्भाग्य से ये धूमकेतु हमें किसी भी तरह की सहायता देने में असमर्थ हैं। नेपच्यून और प्लूटो की कक्षा का प्रश्न अभी तक पूर्ण रूप से हल नहीं हो पाया है। जब यह प्रश्न हल हो जाएगा तभी इस अव्यक्त ग्रह के बारे में हम कुछ अधिक खोजबीन कर सकेंगे।

धूमकेतु और उल्काएं

प्राचीन काल में आकाश में जब कोई अद्‌भुत घटना होती तो लोग यही समझते कि मनुष्य के दैनंदिन जीवन पर उसका प्रभाव पड़ता है। जब कोई चमकीला तारा या ग्रह दिखाई देता तो उसे शुभ शकुन समझा जाता। ग्रहणों को कभी शुभ समझा जाता तो कभी अशुभ। परंतु धूमकेतु को लोग सदैव से अनिष्टकारी समझते आए हैं।

'अथर्वसंहिता' में उल्का और धूमकेतु का उल्लेख मिलता है। महाभारत में भी धूमकेतु के प्रकोप का वर्णन है। युद्धारंभ की सूचना देते हुए व्यासजी धृतराष्ट्र से कहते हैं–'हे राजन! कार्तिकी के बाद संग्राम आरंभ होगा, क्योंकि उस समय...महाभयंकर धूमकेतु (पुच्छल तारा) पुष्य नक्षत्र के पार पहुंचेगा...।' छठी शताब्दी के प्रसिद्ध ज्योतिषी वराहमिहिर फलित-ज्योतिषी अधिक थे, गणित-ज्योतिषी कम। इन्होंने अपनी फलित-ज्योतिष की पोथी 'बृहत्संहिता' में विस्तार से उल्का और धूमकेतु से ताड़ित नक्षत्रों का वर्णन किया है।

धूमकेतु का एक चमकीला सिर होता है और इसके पीछे एक दुम होती है। यह दुम लाखों मील लंबी होती है। कभी-कभी तो दुम इतनी लंबी होती है कि यह सूर्य से पृथ्वी तक पहुंच सकती है। सन् 1811 में ऐसा धूमकेतु देखा गया था जिसका सिर 10,00,000 मील व्यास का था और पूंछ थी 13,00,00,000 मील लंबी। सन्

हेली का धूमकेतु, 1910 ई.

1744 में देखे गए एक धूमकेतु की एक नहीं छह पूंछें थीं। सन् 1843 के एक विशाल धूमकेतु की पूंछ तो 20,00,00,000 मील लंबी थी।

अधिकांश धूमकेतुओं का संबंध हमारे सौर-मंडल से ही है और वे इससे कभी भी बाहर नहीं जाते। कुछ धूमकेतु सौर-मंडल से बाहर आकाश के किसी दूरस्थ स्थान से भी आते हैं। ये हमारे सौर-परिवार में आकर सूर्य का एक चक्कर लगाते हैं और फिर दुबारा नहीं लौटते। ये धूमकेतु आकाश के किस क्षेत्र से आते हैं और कहां वापस चले जाते हैं इसके बारे में खगोलविद् निश्चित रूप से कुछ भी नहीं कह सकते। इन धूमकेतुओं की तुलना में मनुष्य का जीवन-काल इतना कम है कि हज़ारों वर्षों बाद लौट आने वाले धूमकेतुओं का लेखा-जोखा रखना बहुत ही मुश्किल काम है।

वास्तव में इन धूमकेतुओं का सिर छोटी-छोटी चट्टानों, धातुओं, ठोस गैसों और हिम-कणों का एक अजीब समूह होता है। इनकी पूंछ गैस और धूल से बनी होती है। धूमकेतु की पूंछ तभी दिखाई देती है जब कि यह सूर्य के समीप पहुंचता है और सूर्य की किरणें इस पर अपना प्रभाव डालती हैं। पूंछ धूमकेतु के पीछे-पीछे धुएं के समान चलती रहती है और जैसे-जैसे धूमकेतु सूर्य के अधिक निकट पहुंचता है, यह लंबी होती जाती है। जब धूमकेतु मुड़ जाता है और सूर्य से दूर जाने लगता है तो पूंछ आगे की ओर हो जाती है। पूंछ सदैव सूर्य से परे की ओर रहती है।

धूमकेतु की सबसे आश्चर्य की बात है उसकी पूंछ की उत्पत्ति और इसका घटना-बढ़ना।

आइंस्टीन ने अपने गणितीय सिद्धांतों द्वारा यह सिद्ध कर दिया है कि प्रकाश भी पदार्थ का एक रूप है। पदार्थ का प्रकाश में परिवर्तन हो सकता है और प्रकाश का पदार्थ में। अत: पदार्थ के जो गुण-धर्म होते हैं वे प्रकाश में भी बने रहते हैं। हम जानते हैं कि हर पदार्थ का अपना भार होता है और यदि वह गतिमान है तो अपनी शक्ति के अनुसार सामने की वस्तुओं को आगे धकेलेगा। पहाड़ी पर से यदि एक पत्थर लुढ़काया जाए तो रास्ते में आने वाले पदार्थों के कारण या तो वह कहीं रुक जाएगा या यदि वे अवरोधक पदार्थ हल्के हुए तो अपने साथ उन्हें भी आगे खींच ले जाएगा। ठीक यही स्थिति प्रकाश के साथ भी होती है। हम जानते हैं कि सूर्य से प्रकाश आता है। यदि इस प्रकाश के सामने एक काग़ज़ रख दिया जाए तो काग़ज़ अपनी स्थिति से हटेगा नहीं, लेकिन यदि वह प्रकाश से भी हल्का होता तो प्रकाश उसे अपने साथ खींच ले जाता। धूमकेतु जिन पदार्थों से बना होता है, उसमें उनके कुछ कण प्रकाश से भी हल्के होते हैं, या कम-से-कम जब उन पर प्रकाश पड़ता है तब वे ऐसा व्यवहार करते हैं। पूंछ के पदार्थों पर सूर्य की दो शक्तियां काम करती हैं–(1) पहले तो सूर्य की आकर्षण-शक्ति उन कणों को अपनी तरफ खींचती है, और (2) दूसरे, सूर्य-मंडल से निकलने वाला विकीरण उन्हें सूर्य से दूर धकेलता है। यदि पदार्थ-कण

बड़ा हुआ तब तो उस पर सूर्य की आकर्षण-शक्ति का प्रभाव पड़ता है और वह पदार्थ सूर्य की ओर खिंच जाता है, किंतु यदि वह पदार्थ $\frac{1}{10,00,000}$ इंच व्यास का हुआ तो विकिरण का प्रभाव आकर्षण-शक्ति से अधिक होता है। परिणामस्वरूप वह रज-कण सूर्य से दूर चला जाता है। धूमकेतुओं के पदार्थ-कण बहुत ही सूक्ष्म होते हैं, इसलिए इन पर सूर्य के विकिरण का प्रभाव पड़ता है और ये कण धूमकेतु से अलग सूर्य की विपरीत दिशा में हट जाते हैं। इन्हीं से धूमकेतु की पूंछ बनती है। पूंछ को बनाने में इस विकीरण के साथ सूर्य से निकलने वाले विद्युत्-कण भी सहायता देते हैं। यही कारण है कि जब धूमकेतु सूर्य के समीप रहता है तो इसके पूंछ होती है, किंतु दूर रहने पर पूंछ फिर सरककर इसी में आ मिलती है।

जहां तक धूमकेतु के नाभिक का संबंध है, यह प्राय: दस-पंद्रह मील से अधिक लंबी नहीं होती, परंतु पूंछ करोड़ों मील लंबी और चौड़ी काफी होती है। यदि धूमकेतु की पूंछ पर केवल सूर्य के विकीरण का प्रभाव होता तो यह लंबी चाहे कितनी भी है चौड़ी उतनी ही होती जितनी कि धूमकेतु की नाभि होती है।

इतना ही नहीं, पूंछ को देखने से पता चलता है कि यह अधिक चौड़ी ही नहीं टेढ़ी भी होती है और इसका झुकाव पीछे की ओर होता है और धूमकेतु जाता है इसके विपरीत।

इसके तीन कारण हैं-(1) विकीरण द्वारा धूमकेतु के पदार्थ-कण प्रतिक्षण धूमकेतु से दूर होते रहते हैं, और पूंछ लंबी होती जाती है, (2) परस्पर टकराकर ये कण आपस में एक-दूसरे से दूर होते हैं, इस कारण यह पूंछ चौड़ी होती है, और (3) सिर की अपेक्षा हल्की होने के कारण यह पूंछ धूमकेतु से पीछे रह जाती है, इसलिए टेढ़ी हो जाती है।

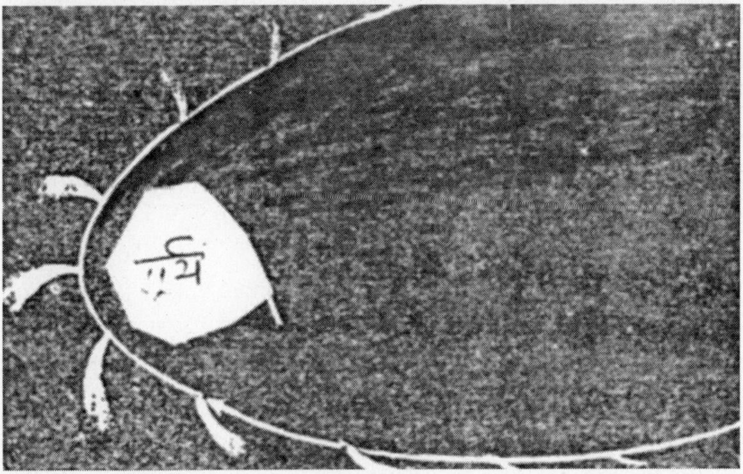

धूमकेतु

धूमकेतु की पूंछ इतनी विरल और हल्की होती है कि उसमें से तारे तक दिखाई पड़ते हैं। कई बार तो हमारी पृथ्वी इस पूंछ में से होकर निकल जाती है। जब कभी धूमकेतु सूर्य के पास आते हैं तो इनकी पूंछ बनती है और उसमें से कुछ-न-कुछ भाग इधर-उधर किसी ग्रह-उपग्रह द्वारा छीन लिया जाता है।

लेकिन धूमकेतु की केवल पूंछ ही नहीं छीन ली जाती है, कभी-कभी तो इसे अपने सिर से भी हाथ धोना पड़ता है। धूमकेतु के सिर की बनावट छोटे-छोटे हिम-कणों से हुई है। ये हिमकण अधिकतर मीथेन, एमोनिया और पानी के होते हैं। इनके साथ कुछ उल्का-पत्थर भी चिपके हुए होते हैं। ये पदार्थ छोटे-छोटे टुकड़ों के रूप में होते हैं। इनमें लोहा, निकिल और सिलीकॉन प्रमुख हैं। जब धूमकेतु सूर्य के समीप आता है तब उसका सिर पिघलता है और टुकड़े बाहर निकल आते हैं।

ग्रहों की तरह से धूमकेतु भी सूर्य की परिक्रमा करते हैं। साधारणतया इनका भ्रमण-मार्ग लंबा, दीर्घवृत्ताकार होता है, जिसे कुछ धूमकेतु चार-पांच वर्षों में पूरा कर लेते हैं, किंतु अधिकतर धूमकेतुओं का समय 100 वर्षों से भी अधिक होता है। कुछ धूमकेतु तो एक बार दिखाई देने के बाद पुनः दिखाई ही नहीं देते। यदि वे लौटते भी हैं तो उनकी परिक्रमा-अवधि इतनी अधिक होती है कि हम उन्हें दुबारा पहचान भी नहीं सकते।

कुछ प्रसिद्ध धूमकेतु : आरंभ में लोगों का यह विश्वास था कि धूमकेतु पृथ्वी के वायुमंडल में ही रहते हैं। परंतु सन् 1577 में टाइको ब्राहे ने यह सिद्ध कर दिखाया कि धूमकेतु पृथ्वी के वायुमंडल के बहुत बाहर रहते हैं। न्यूटन ने भी अपने गणितीय सिद्धांतों द्वारा यह सिद्ध कर दिया था कि धूमकेतु ग्रहों के समान ही सूर्य की परिक्रमा करते हैं।

न्यूटन के सिद्धांत एकदम स्वीकार नहीं किए गए थे। इनके सिद्धांतों का सबसे दृढ़ समर्थन हुआ हेली के धूमकेतु द्वारा। हेली (1656-1742) आक्सफोर्ड विश्वविद्यालय में ज्योतिष-शास्त्र के प्राध्यापक थे। इन्होंने पहले तो सन् 1337 से 1698 के बीच देखे गए सब धूमकेतुओं का विवरण प्राप्त किया और फिर इनकी कक्षाएं निर्धारित कीं। इस अध्ययन में उन्हें एक ऐसे धूमकेतु का पता लगा जिसकी कक्षाएं सन् 1531, 1607 और 1682 में समान थीं। हेली ने अनुमान लगाया कि यह एक ही धूमकेतु होना चाहिए। यह धूमकेतु पहले एक बार सन् 1456 में भी देखा गया था। हेली ने देखा कि इस धूमकेतु के प्रत्येक चक्कर में 15 महीनों का अंतर पड़ता है। उसने सोचा कि यह फर्क शनि और बृहस्पति की गुरुत्वाकर्षण-शक्ति में हुए हेर-फेर के कारण पड़ता होगा और बात ठीक भी थी। हेली ने भविष्यवाणी की–'यह धूमकेतु पुनः सन् 1758 में लौट आएगा।'

इस भविष्यवाणी का बहुत महत्त्व था। यह न्यूटन के गुरुत्वाकर्षण नियम की एक परीक्षा थी। अतः लोग इस समय की बड़ी उत्सुकता से बाट जोहने लगे। सन्

1758 में क्रिसमस के दिन यह धूमकेतु लौट आया। 13 मार्च 1759 को यह सूर्य से न्यूनतम दूरी पर था। इसके लौटने में थोड़ी देर हो गई थी और इस देर का कारण था बृहस्पति, जैसा कि हेली ने पहले ही स्पष्ट कर दिया था। इस धूमकेतु की सूर्य से न्यूनतम दूरी 5,40,00,000 मील थी और अधिकतम दूरी 3,25,80,00,000 मील। अतः अपनी अधिकतम दूरी के समय हेली का धूमकेतु नेपच्यून की भी कक्षा के बाहर रहता है। यह धूमकेतु पुनः सन् 1835 में देखा गया। सन् 1909 में पहली बार इसके चित्र लिए गए। अब सन् 1986-87 में यह धूमकेतु पुनः देखा गया है।

आज तक 30 से भी अधिक ऐसे धूमकेतुओं का पता चला है जो 100 वर्षों के भीतर ही सूर्य की एक परिक्रमा कर लेते हैं। नीचे की तालिका में 18 धूमकेतुओं के बारे में जानकारी दी जाती है—सूर्य-पृथ्वी दूरी को एक के बराबर मान लिया है।

	धूमकेतु	सूर्य-परिक्रमा का समय वर्षों में	सूर्य से दूरी न्यूनतम	सूर्य से दूरी अधिकतम
1.	इन्के	3.30	0.34	4.10
2.	टेम्पेल	5.28	1.39	4.68
3.	ब्रोरसेन	5.46	0.59	5.61
4.	टेम्पेल स्वीफ्ट	5.68	1.15	5.21
5.	विन्नेके	5.83	0.92	5.55
6.	डेविको	6.40	1.67	5.22
7.	टेम्पेल	6.54	2.09	4.90
8.	फिनले	6.54	0.97	6.03
9.	डी. अरेस्ट	6.69	1.32	6.77
10.	बीला	6.69	0.88	6.22
11.	वोल्फ	6.82	1.60	5.60
12.	होम्ज़	6.86	2.12	5.10
13.	ब्रूक्स	7.10	1.96	5.43
14.	फाये	7.39	1.65	5.94
15.	टूटल	13.67	1.02	10.41
16.	पान्स-ब्रूक्स	71.56	0.78	33.70
17.	ओल्बेरस	72.65	1.20	33.62
18.	हेली	76.08	0.69	35.22

तालिका को देखने से पता चलेगा कि इन्के का धूमकेतु सबसे कम समय में एक सूर्य-परिक्रमा पूर्ण कर लेता है। 10 नंबर का बीला नामक धूमकेतु सन् 1846 में दो भागों में टूटता दिखाई दिया था। इसके दोनों भाग पुन: सन् 1852 में देखे गए थे। परंतु इस समय ये एक-दूसरे से लगभग 10,00,000 मील के अंतर पर थे। धूमकेतु-विभाजन के और भी कई उदाहरण दिए जा सकते हैं। वास्तव में धूमकेतु और उल्काओं का काफी घनिष्ठ संबंध है। जब धूमकेतु टूटते हैं तो पृथ्वी पर अधिक उल्कापात होता दिखाई देता है।

कई ऐसे धूमकेतु आपको मिलेंगे जो एक वर्ग बनाकर सौर-मंडल के एक निश्चित ग्रह से ही वापस लौट आते हैं। अठारह धूमकेतु ऐसे हैं जो बृहस्पति का चक्कर लगाकर लौटते हैं। इसी प्रकार शनि के छह धूमकेतु हैं, यूरेनस के तीन और नेपच्यून के आठ। सन् 1928 में पिकरिंग ने अठारह ऐसे धूमकेतुओं का पता लगाया जिनकी सूर्य से अधिकतम दूरी 7,00,00,00,000 मील है। इसी तथ्य के आधार पर उन्होंने इतनी दूरी पर प्लूटो के बाहर और एक ग्रह की कल्पना की है। वैज्ञानिकों का अनुमान है कि आरंभ में ये सब धूमकेतु पैराबोलिक मार्ग में घूमते होंगे, परंतु किसी समय सौर-मंडल के इन विशाल ग्रहों के आकर्षण में फंसकर इनका मार्ग लंब दीर्घवृत्ताकार हो गया है। बृहस्पति सौर-मंडल का सबसे बड़ा ग्रह है, अत: इसने सबसे अधिक धूमकेतु पकड़ लिए हैं।

सन् 1680 के धूमकेतु का ऐतिहासिक महत्त्व है। इसी धूमकेतु का अध्ययन कर न्यूटन ने सिद्ध किया था कि धूमकेतु अपनी कक्षा में सूर्य की आकर्षण-शक्ति के अंतर्गत घूमते रहते हैं। यह धूमकेतु सूर्य के 1,20,000 मील निकट तक पहुंच गया था। सन् 1811 में एक अद्‌भुत धूमकेतु दिखाई दिया। सितंबर में सूर्य से निकटतम दूरी पर पहुंचने के बाद इसकी पूंछ आकाश में 25 अंश तक फैली दिखाई दी। इस समय इसकी पूंछ 10,00,00,000 मील लंबी थी। सन् 1843 में एक धूमकेतु तो दिन के प्रकाश में दिखाई दिया। सूर्य से इसकी निकटतम दूरी 49,000 मील थी। इतिहास में यही एकमात्र धूमकेतु है जो सूर्य के इतने निकट पहुंचा है। इसकी पूंछ की लम्बाई 15,00,00,000 मील थी।

सन् 1858 का डोनारी धूमकेतु पिछली शताब्दी का सबसे खूबसूरत धूमकेतु था। इसकी पूंछ की लंबाई 4,00,00,000 मील थी। 5 अक्टूबर को यह धूमकेतु स्वाति-नक्षत्र पर से गुज़रा। उस समय इसकी पूंछ के घने भाग में से यह नक्षत्र स्पष्ट दिखाई देता था। इससे पता चलता है कि धूमकेतु बहुत ही पतला होता है।

उल्काएं–हमारे सौर-मंडल में ग्रह, उपग्रह और धूमकेतुओं के अतिरिक्त ऐसे असंख्य छोटे-छोटे पत्थर और लौह-टुकड़े हैं जो दीर्घवृत्ताकार मार्ग में सूर्य का

चक्कर लगाते रहते हैं। इनमें अधिकांश तो मटर के दाने से बड़े नहीं हैं, परंतु कुछ इतने विशाल हैं कि टनों में भी तौले जा सकते हैं।

इनमें से लगभग 10,00,00,000 प्रतिदिन हमारी पृथ्वी के वायुमंडल में चले आते हैं। यदि हमारी पृथ्वी पर वायुमंडल न होता तो ये सब पृथ्वी के धरातल पर आ टकराते। पृथ्वी के वायुमंडल में पहुंचकर ये उल्का-पत्थर संघर्षण के कारण 'टूटते तारे' की तरह चमक उठते हैं और इनमें अधिकांश पृथ्वी के धरातल पर पहुंचने के पहले ही नष्ट हो जाते हैं। लेकिन कभी-कभी ये इतने बड़े होते हैं कि वायुमंडल में पूर्ण रूप से समाप्त नहीं होते और पृथ्वी पर आ टकराते हैं। ऐसे उल्का-पत्थरों से भारी नुकसान होता है। कितने ही उल्का-पत्थर तो हज़ारों मन वज़न के होते हैं। ऐसा एक उल्का-पत्थर जून 1908 में साइबेरिया (रूस) में गिरा था। उसका वजन 3,500 मन था।

साइबेरिया के इस उल्कापात के फलस्वरूप 70 मील व्यास के घेरे में सब-कुछ जलकर राख हो गया था। जिस जगह पर यह उल्का-पत्थर गिरा था, वहां से 50 मील दूर के गांवों में एक भी मकान नहीं बचा। अनेक वर्ष पूर्व ऐसा ही एक प्रचंड उल्कापात दक्षिण अमेरिका के एरिज़ोना प्रदेश में हुआ था। आज भी उसका 500 फीट गहरा तथा 4,000 फीट व्यास का खड्डा मौजूद है।

सबसे अधिक 'टूटते तारे' आपको अगस्त के महीने में दिखाई देंगे। इसका कारण यह है कि इस महीने में पृथ्वी उस पथ को पार करती है जिस पर किसी समय एक धूमकेतु चला करता था और जहां उसके टुकड़े अब भी घूमते हैं। इस मार्ग को हम उल्का-पथ कहते हैं। किंतु उल्काएं केवल अगस्त में ही नहीं दिखाई देतीं। किसी भी रात को प्रति घंटे आपको आधी दर्जन उल्काएं दिखाई दे सकती हैं। परंतु 12 अगस्त तथा 16 नवंबर के दिन ये अधिक तादाद में दिखाई देती हैं।

जब पृथ्वी किसी उल्का-पथ से गुज़रती है तो बड़ी संख्या में ये पृथ्वी के वायुमंडल में घुस आती हैं। ऐसे समय इनकी 'वर्षा' देखने लायक होती है। नवंबर 1833 में एक बहुत ही ज़ोर की उल्का-वर्षा हुई थी। इस समय एक रात में मध्य-रात्रि के सूर्योदय तक 2,50,000 उल्काओं को गिना गया था।

मान लीजिए कि कोई उल्का 30 मील प्रति सेकंड की गति से पृथ्वी की ओर आ रही है तो पृथ्वी भी प्रति सेकंड 18 मील की गति से उसकी ओर जा रही होगी। इसलिए उल्का-प्रस्तर का जो घर्षण पृथ्वी के वायुमंडल से होगा वह 30 + 18=48 मील प्रति सेकंड के हिसाब से होगा। इस प्रकार पृथ्वी की सूर्य-परिक्रमा गति के कारण, जो 18 मील प्रति सेकंड की है, उल्काओं की गति और भी

अधिक हो जाती है। परंतु जो उल्काएं पृथ्वी की ही दिशा में चलती हैं, वे इतनी वेगवान नहीं मालूम होतीं, क्योंकि उनकी गति में से पृथ्वी की गति घटा देनी पड़ती है।

पृथ्वी के वायुमंडल में उल्का-प्रस्तरों का वेग 9 से 49 मील प्रति सेकंड का रहता है। इतनी तीव्र गति से भ्रमण करते हुए जब ये हमारे वायुमंडल में प्रवेश करते हैं तो इन्हें वायुमंडल से संघर्ष करना पड़ता है। इस संघर्ष में घर्षण होता है और ये जलने लगती हैं। पृथ्वी का वायुमंडल सैकड़ों मील ऊंचा है, परंतु ऊपरी वायुमंडल बहुत ही पतला और हल्का है, इसलिए वहां पर घर्षण कम होता है। वायुमंडल में 100 मील की ऊंचाई तक पहुंचते-पहुंचते उल्काओं में आग लग जाती है और धरातल से 35-40 के ऊपर अधिकांश उल्का-प्रस्तर जलकर राख हो जाते हैं।

हम यह देख चुके हैं कि कभी-कभी उल्का-प्रस्तर पृथ्वी पर भी आ गिरते हैं और इनके कारण बहुत ही क्षति होती है। साइबेरिया में हुए उल्कापात की जब खोज की गई तो वहां पर कोई प्रस्तर नहीं मिला। उल्का-प्रस्तर गया कहां? इन्हीं बातों पर विचार करते हुए एक वैज्ञानिक ने मनोरंजक खोज कर डाली है। पृथ्वी पर जितने भी पदार्थ पाए जाते हैं उनके परमाणुओं के केंद्र में धन-विद्युत् रहती है और चारों ओर ऋण-विद्युत् कण। किंतु ब्रह्मांड में कुछ ऐसे भी पदार्थ हैं जिनके परमाणुओं के केंद्र में ऋण-विद्युत् कण हैं और धन-विद्युत् कण उनका चक्कर लगाते हैं। ऐसे पदार्थों को प्रति-पदार्थ (एंटी-मैटर) का नाम दिया गया है। वैज्ञानिकों का कहना है कि यदि प्रति-पदार्थ का कोई टुकड़ा किसी पदार्थ से टकरा जाए तो विस्फोट उत्पन्न होगा। साइबेरिया वाले उल्कापात के बारे में यह धारणा है कि उस उल्का का निर्माण ऐसे ही किसी प्रति-पदार्थ से हुआ था। इसीलिए उसके गिरने से विस्फोट हुआ और उस गरमी से आस-पास के पेड़ झुलस गए। परंतु अभी तक इस वैज्ञानिक सिद्धांत को पूर्ण रूप से मान्यता नहीं मिली है।

ये उल्काएं कहां से आती हैं और किस पदार्थ से बनी होती हैं? जहां तक इनके पदार्थों का प्रश्न है, यह निर्विवाद है कि इनमें मुख्यतया पत्थर और लोहा होता है। यह परिणाम विभिन्न स्थानों पर गिरी उल्काओं के निरीक्षण के आधार पर निकाला गया है। कुछ उल्काओं में लोहे की मात्रा बहुत ही अधिक होती है।

जहां तक इनके निर्माण-स्थान का प्रश्न है, वैज्ञानिकों का अनुमान है कि शून्य में अपार पदार्थ इधर-उधर भ्रमण कर रहे हैं। ये धूल-कणों के बराबर छोटे भी हैं और सहस्त्रों पौंड भारी भी। इन्हीं पदार्थों से उल्काएं बनी हैं।

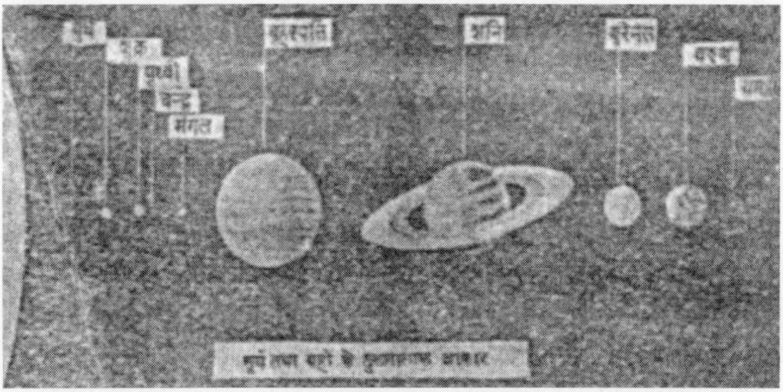

ग्रहों के अनुपात में सूर्य-वृत्त का हिस्सा

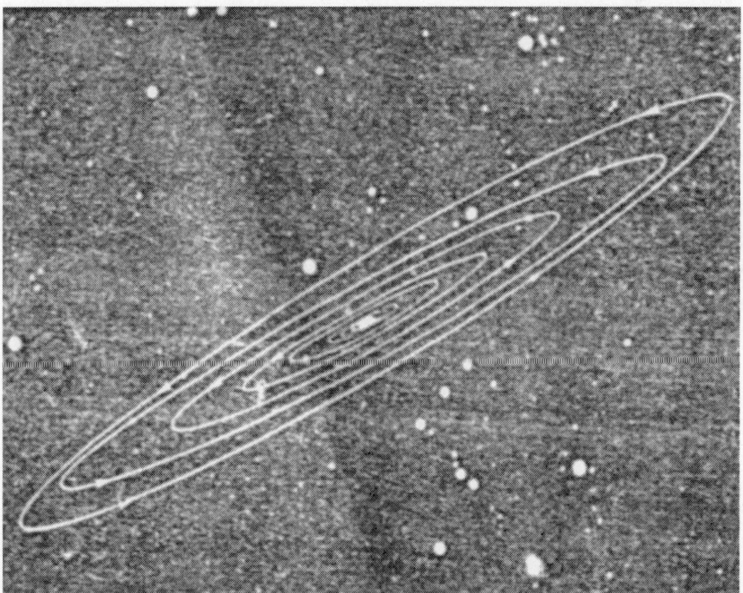

सौर-परिवार

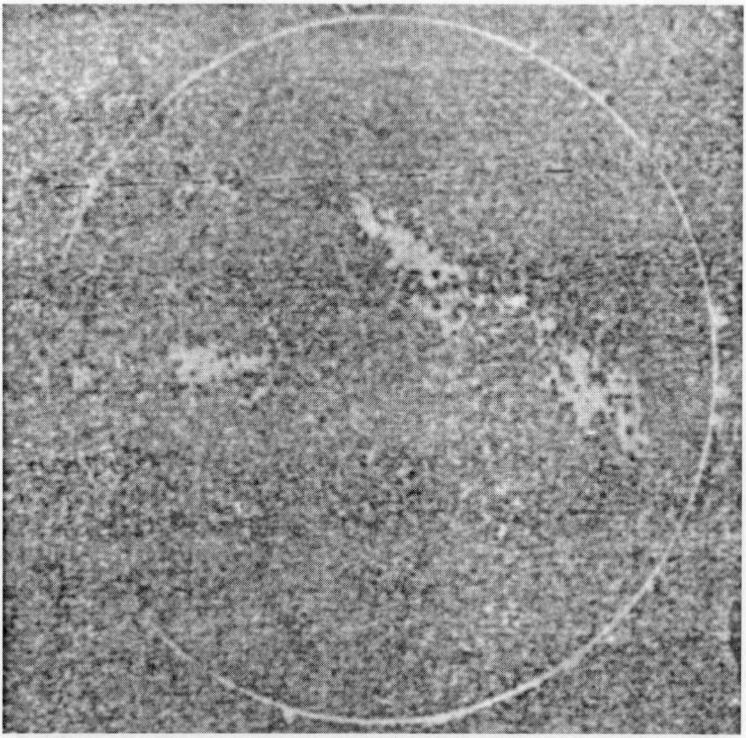

सूर्य (यह चित्र कैल्सियम प्रकाश में लिया गया है)

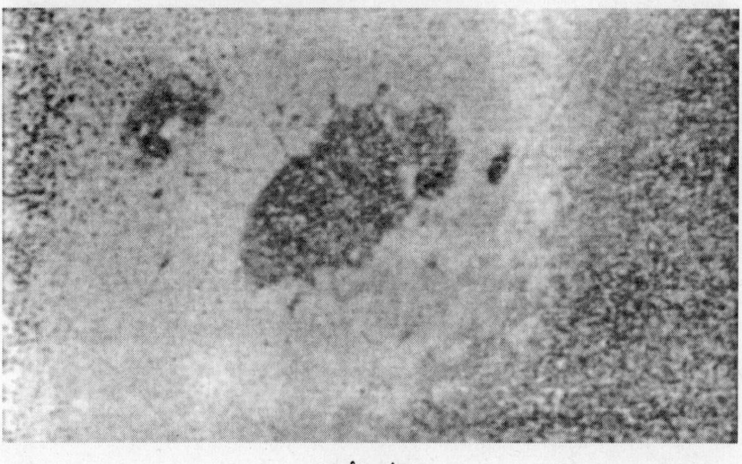

सूर्य कलंक

शुक्र ग्रह

चंद्रमा नहीं, यह शुक्र-ग्रह का चित्र है। यह चित्र 200 इंच व्यास वाली पैलोमर वेधशाला की दूरबीन से लिया गया है। शुक्र का धरातल बादलों से ढका है, परंतु ये बादल जल-कणों के नहीं हैं। संभवतः ये तेलकणों से बने हुए हैं। शुक्र का आकार-प्रकार लगभग पृथ्वी जैसा ही है।

पूर्णिमा का चंद्रमा

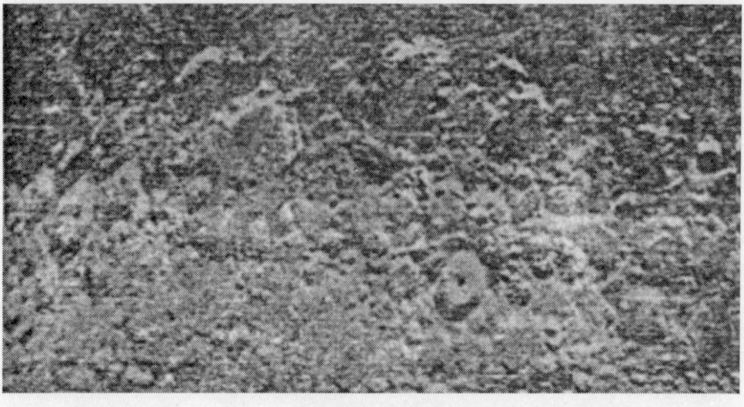

चंद्रमा का एक दृश्य

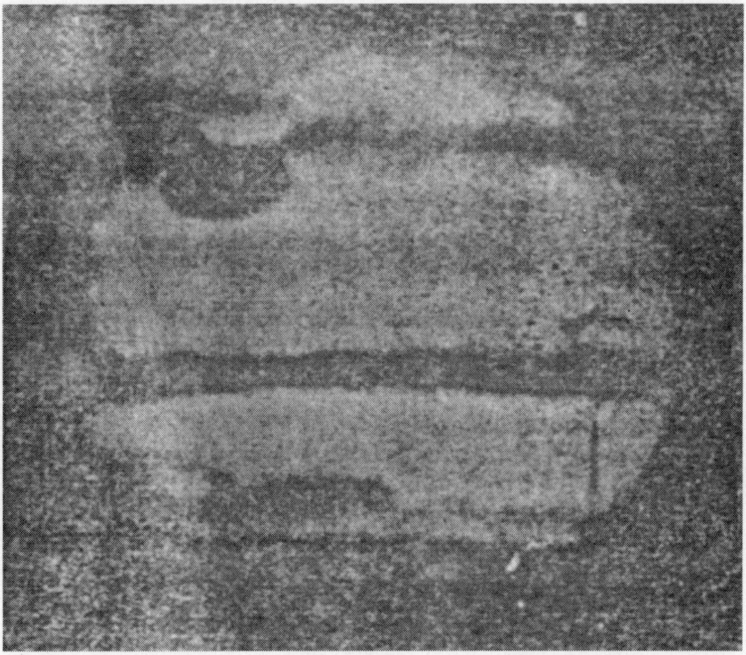

बृहस्पति

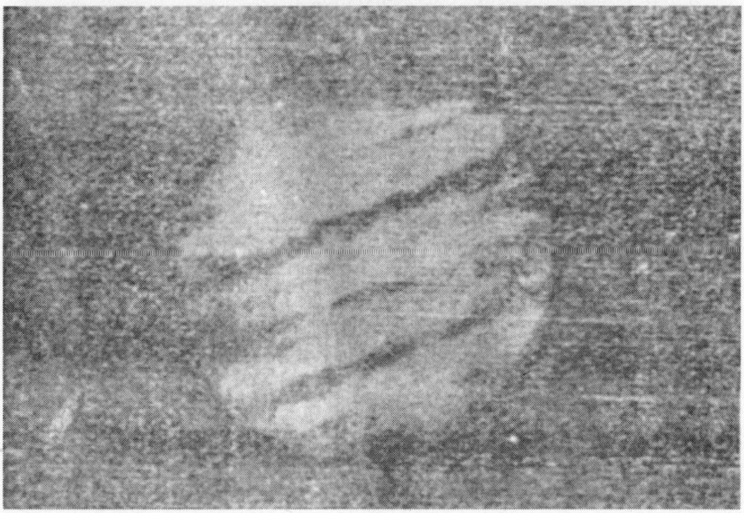

बृहस्पति

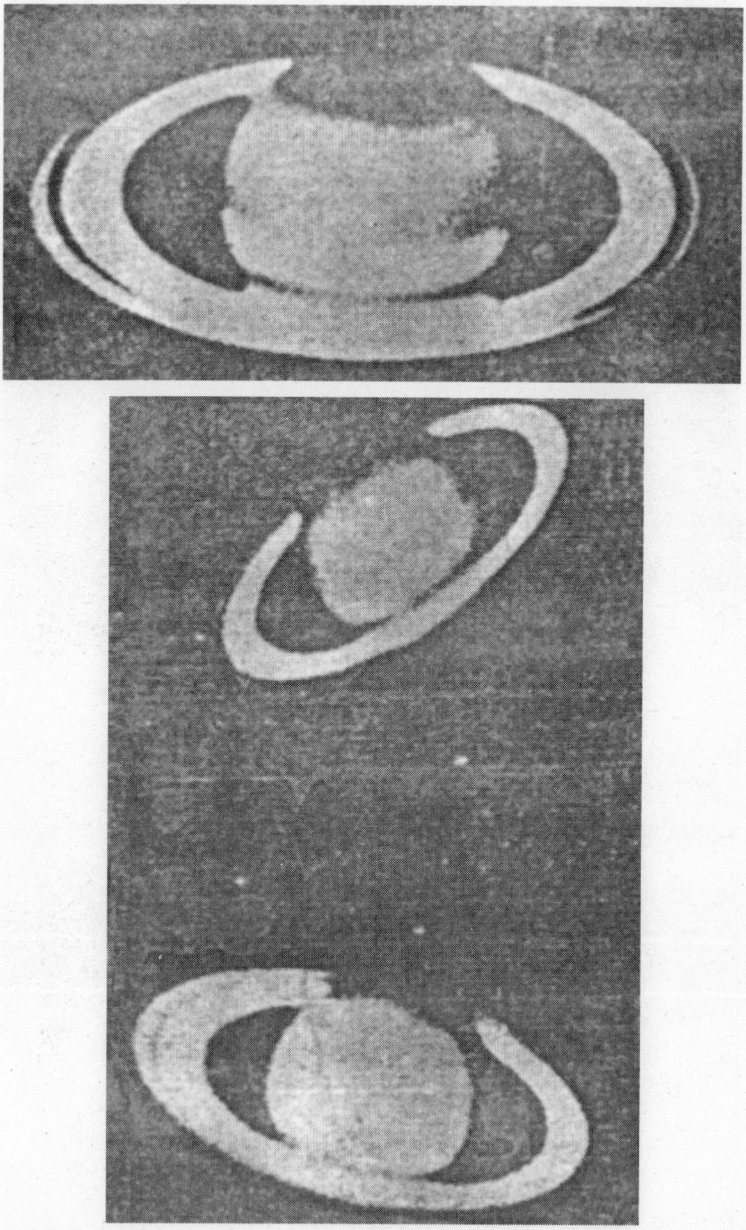

शनि ग्रह के चित्र

पृथ्वी की कक्षा
हेली का धूमकेतु विशिष्ट गुरुत्व से गुजरता हुआ। नीचे चंद्रमा है

एरिजोना का उल्का गड्ढा

इस गड्ढे का व्यास 4,000 फीट है और यह 6,000 फीट गहरा है।

एक उल्का प्रस्तर

कुछ विशिष्ट पैमाने

1.	अवकाश में प्रकाश की गति प्रति सेकंड–	2,99,776 किलोमीटर 1,86,272 मील			
2.	प्रकाश–वर्ष	14,63,00,00,00,000 कि. 58,80,00,00,00,000 मील			
3.	मीटर	39.37 इंच			
4.	किलोमीटर	0.6214 मील			
5.	ग्राम	0.00205 पौंड			
6.	किलोग्राम	2.205 पौंड (86 तोला)			
7.	पौंड	453.59 ग्राम			
8.	फारनहाइट डिग्री	सेंटीग्रेड डिग्री $\times \frac{9}{5} + 32$ 212^0 फा = 100^0 सेकंड 32^0 फा = 0^0 सेकंड			
9.	सेंटीग्रेड डिग्री	फा. डिग्री $\times \frac{5}{9} - 32$			
10.	सूर्य–पृथ्वी अंतर	14,96,77,000 किलोमीटर 9,30,05,000 मील			
11.	पृथ्वी–चंद्र अंतर	3,84,403 किलोमीटर 2,38,857 मील			
		दिन	घंटे	मिनट	सेकंड
12.	चंद्र–मास : नक्षत्र–मास	27	7	43	11.55
	अगांत–मास	27	12	44	2.86
13.	पृथ्वी की कक्षा गति, प्रति से.	29.8 किलोमीटर 18.5 मील			
14.	पृथ्वी का विशिष्ट गुरुत्व	5.517			
15.	सूर्य का वजन	2.00×10^{33} किलोग्राम 2.20×10^{27} टन			

ग्रह-परिचय

ग्रह	सूर्य से औसत दूरी (मील)	भ्रमण गति	धुरी गति	परिधि-झुकाव	भ्रमण गति (मील/ सेकंड)	विषुववृत्तीय-व्यास (मील)	पदार्थ-राशि (पृथ्वी = 1)	घनफल (पृथ्वी = 1)	विपलायन वेग (मील/ सेकंड)	घनत्व (जल=1)	अधिकतम तापमान (फारेनहाइट)
1	2	3	4	5	6	7	8	9	10	11	12
बुध	36,000,000	88 दिन	88 दिन	7.0	29.7	3,100	0.04	0.06	2.6	3.8	770
शुक्र	67,200,000	224 दिन	30 दिन	3.4	21.7	7,700	0.83	0.88	6.3	5.2	?
पृथ्वी	93,003,000	365 $\frac{1}{4}$ दिन	23 घं. 56 मि.	.0	18.5	7,926	.1	1	7	5.5	140
मंगल	141,500,000	687 दिन	24 घं. 37 मि.	1.9	15.0	4,200	0.11	0.15	3.1	4.0	85
बृहस्पति	483,300,000	11 $\frac{3}{4}$ साल	9 घं. 53 मि.	1.3	8.1	88,700	318	1,312	37	1.3	-200
शनि	886,100,000	29 $\frac{1}{2}$ साल	10 घं. 14 मि.	2.5	6.0	75,100	95	763	22	0.7	-240
यूरेनस	1,783,000,000	84 साल	10 घं. 45 मि.	0.8	4.2	32,000	.15	64	13	1.3	-310
नेपच्यून	2,793,000,000	164 $\frac{2}{4}$ साल	15 घं. 48 मि.	1.8	3.4	27,600	17	42	16	2.2	-360
प्लूटो	3,666,000,000	248 साल	6 दिन 9 घं.	17	3.0	36,00 ?	?	?	?	?	-400

सौर-मंडल के उपग्रह

ग्रह का नाम		उपग्रह का नाम	खोज का वर्ष (ई. सं.)	ग्रह से दूरी (मील में)	ग्रह की परिक्रमा का समय			व्यास (मील में)
					दिन	घंटे	मिनट	
पृथ्वी	1.	चंद्रमा	युगों पूर्व	2,38,900	27	7	43	2,160
मंगल	1.	फाबोस	1877	5,800	0	7	39	15
	2.	दिमोस	1877	14,600	1	6	18	7.5
बृहस्पति	1.	पांचवां चंद्र	1892	1,12,600	0	11	57	75
	2.	आइओ	1610	2,61,000	1	18	28	2,300
	3.	यूरोपा	1610	4,16,600	3	13	14	2,000
	4.	ग्यानीमेडे	1610	6,64,200	7	3	43	3,200
	5.	कालिस्टो	1610	11,69,000	16	16	32	3,200
	6.	छठा चंद्र	1904	71,14,000	250	16	0	100
	7.	सातवां चंद्र	1905	72,92,000	259	16	0	40
	8.	दसवां चंद्र	1938	73,00,000	260	12	0	15
	9.	बारहवां चंद्र	1951	1,30,00,000	625	0	0	15
	10.	ग्यारहवां चंद्र	1938	1,40,00,00	692	0	0	15
	11.	आठवां चंद्र	1908	14,60,000	740	0	0	40
	12.	नवां चंद्र	1914	15,00,000	758	0	0	20

शनि	1.	मिमोस	1789	1,15,000	0	22	37	370
	2.	एनसिलाडस	1789	1,48,000	1	8	53	460
	3.	टेथीस	1684	1,83,000	1	21	18	750
	4.	डिओन	1684	2,34,000	2	17	41	900
	5.	रूही	1672	3,27,000	4	12	25	1,150
	6.	टाइटान	1655	7,59,000	15	22	41	3,550
	7.	हाइपेरियन	1848	9,20,000	21	6	38	500
	8.	इयापेटस	1671	22,10,000	79	7	56	2,000
	9.	फोबे	1898	80,34,000	550	10	0	200
यूरेनस	1.	मिरांडा	1948	76,000	1	9	50	200
	2.	एरियल	1851	1,19,000	2	12	39	600
	3.	एम्ब्रियल	1851	1,66,000	4	3	28	400
	4.	टाइटानिया	1787	2,72,000	8	16	56	1,000
	5.	आबेरोन	1787	3,64,000	13	11	7	900
नेपच्यून	1.	टिट्रान	1846	2,22,000	5	21	3	3,300
	2.	निरीड	1949	34,60,000	359	0		2000

❑❑❑